Don Bosco

Swana Rensmann / Sibylle Velter

GESCHICHTEN
für Kindergruppen

Don Bosco

Bibliografische Information Der Deutschen Nationalbibliothek

Die Deutsche Nationalbibliothek verzeichnet diese Publikation in der Deutschen Nationalbibliografie; detaillierte bibliografische Daten sind im Internet unter http://dnb.d-nb.de abrufbar.

4. Auflage 2007/ISBN 978-3-7698-1228-2

Umschlag und Illustrationen: Margret Russer
Gesamtherstellung: Don Bosco Druck & Design, Ensdorf

Gedruckt auf umweltfreundlichem Papier.

Inhalt

Mitmachgeschichten machen munter!

Mitmachgeschichten sind echte Muntermacher, denn sie laden alle ein, nicht nur passive Zuhörer, sondern Akteure der Handlung zu sein. Die Kinder können auf unterschiedlichste Weise aktiv werden, z.B. in Form von Pantomime, von Bewegung, durch Erzeugen von Klängen oder Stimmimitationen oder sogar in kleinen Rollenspielen. Manche der Geschichten fordern durch ihr offenes Ende dazu auf, eigene Lösungen zu finden und die eigene Fantasie und Kreativität ins Spiel zu bringen. Mitmachgeschichten sind für den pädagogischen Alltag ideal geeignet, denn sie

- fördern aufmerksames Zuhören und konzentriertes Wahrnehmen
- schaffen Ruhe und Entspannung und
- lassen eine müde Kinderschar wieder munter werden
- stärken das Körperbewusstsein
- helfen, eigene Erfahrungen zu verbalisieren
- unterhalten und
- lassen Gemeinschaft lebendig werden.

Darüber hinaus können sie auch der Anbahnung von musikalischem und „dramaturgischem" Gestalten mit einfachen Formen des darstellenden Spiels dienen und bei Festen in der Kindertagesstätte auch die Erwachsenen zum Mitmachen ermuntern.

Für die Kleinsten eignen sich besonders solche Geschichten, die stets wiederkehrende Elemente aufweisen. Das schafft eine klare

Struktur, Wiedererkennbarkeit und trainiert gleichzeitig das Gedächtnis, denn die Kinder werden von Mal zu Mal versuchen, diese Sätze mitzusprechen.
Die hier zusammengetragenen Mitmachgeschichten entstanden alle durch Erlebnisse und Anregungen in der Arbeit mit Kindern. Sie erzählen von alltäglichen Begebenheiten, von kleinen Freuden oder Sorgen oder von fantastischen Abenteuern. Sie sind anrührend, witzig oder spannend und immer leicht in den Alltag einer Kindertagesstätte zu integrieren und auf die Bedürfnisse des Tages abzustimmen. Als kleine Geschichten für zwischendurch, zur morgendlichen Begrüßung im Stuhlkreis oder zur Festgestaltung lassen sie Platz für die Spontaneität der Mitspielenden.

Mitmachgeschichten eignen sich gut zum Vorlesen und Spielen für Gruppen ab vier Kindern. Es können aber auch größere Gruppen mit 15 und mehr Kindern aktiv werden, denn eine „Rolle" kann mit mehreren Personen besetzt werden oder die ganze Gruppe vollzieht stets alle Handlungen mit. Die Erzieherin sollte einfach die Spielbegleitung vormachen, die Kinder werden nicht zögern den Spielimpuls aufzunehmen und entsprechend mitzumachen. Die Spielvorschläge und kleinen Regieanweisungen sind den jeweiligen Textpassagen am Rand jeder Geschichte zugeordnet. Im Text fett gedruckte Zeilen deuten an, dass hier die eigentliche Geschichte unterbrochen wird und die Kinder jeweils direkt angesprochen und zum Handeln aufgefordert werden.

Um die Mitmachgeschichten intensiv erleben zu können, brauchen die Kinder vor allem Platz. Außerdem sollte so viel Zeit zur Verfügung stehen, dass sowohl die Fünf-Minuten-Geschichten als auch die längeren Geschichten auf Wunsch ein zweites Mal gespielt werden können.

Die Auswahl einer passenden Geschichte wird erleichtert durch die jeweils vorangestellten Hinweise

zum Inhalt

zu benötigten Requisiten

zur Methode,
zu weiterführenden Aktivitäten

und den kurzen Überblick über die pädagogischen Ziele.

Entscheidend für die Auswahl sollte die Frage sein, welchem Ziel die Geschichte dienen soll: Ist sie zur kurzfristigen Entspannung und Ermunterung gedacht? Kann sie als Einstieg in ein neues Thema dienen? Greift sie vielleicht einen Konflikt auf, der die Kinder zur Zeit beschäftigt? Kann sie zur Entladung der gespannten Atmosphäre und zur Lösung des Problems beitragen?
Eines aber darf bei allen didaktischen Überlegungen nicht vergessen werden: Mitmachgeschichten sollen vor allem Spaß machen.
Und genau den wünschen wir Ihnen!

Swana Rensmann, Sibylle Velter

Von Kindern und knallenden Kaugummis

Kaugummi Jo

Kaugummi Jo kaut zu jeder Gelegenheit ein Kaugummi, bis er eines Nachts einen Traum hat.

Kaugummis

Die Geschichte ist sowohl für kleine als auch große Gruppen geeignet.
Als besonderen Reiz könnte die Erzieherin an jedes Kind ein Kaugummi austeilen. Da der Kaugummi im Allgemeinen in Kindergärten nicht gern gesehen wird, gewährleistet dieser Einstieg in die Geschichte höchste Motivation bei den Kindern und ruft eine große Erwartungshaltung auf das, was kommen wird hervor. Die Kaugummis werden nach dem Spiel in den Abfalleimer geworfen.

- Spaß und Gemeinschaft erleben
- etwas tun dürfen, das eigentlich verpönt ist

Kaugummi Jo hat immer ein dickes – na was wohl – im Mund.

Die Kinder rufen „Kaugummi!"

Wenn er sich morgens die Zähne geputzt hat, natürlich mit Zahnpasta, die nach Kaugummi schmeckt, dann steckt er sich anschließend sofort eins in den Mund.
Kaugummi kauend geht er in den Kindergarten. Hier ist das Kaugummikauen natürlich nicht erlaubt, aber Jo kaut trotzdem heimlich weiter.
Damit man sein Kaugummi im Mund nicht entdeckt, macht er den Mund beim Sprechen erst gar nicht auf. Jo ist schon fast ein perfekter Bauchredner.

Versucht es doch auch mal!
Die Lippen dürfen sich nicht bewegen. Und nun sagt mir euren Namen.

Die Kinder rufen entweder ihren Namen durcheinander oder jedes Kind darf der Reihe nach versuchen, seinen Namen auszusprechen, ohne dabei die Lippen zu bewegen.

Das klingt ja seltsam.
Jo hat darin eben schon Übung.

Wenn er mittags den Kindergarten verlässt, dann kaut er erst einmal ganz genüsslich auf dem frischen Kaugummi herum, das er sich kurz zuvor in den Mund geschoben hat.
Jo hat einen ganzen Schrank voll mit Kaugummis verschiedenster Geschmacksrichtungen. Da gibt es welche, die schmecken nach Erdbeeren, Pfefferminze, Kirsche, Cola, Orange, Ananas, Zitrone usw.
Steckt er sich ein neues Kaugummi in den Mund, dann spuckt er das alte zuvor im hohen Bogen aus.
Das geht natürlich nur draußen an der frischen Luft.
Neulich hat Jo in der Straße, wo seine Oma wohnt, gespielt.
Dort leben viele ältere Menschen.

Nach längerem Kauen wollte sich Jo ein frisches Kaugummi in den Mund stecken.
Er hat das alte also herausgespuckt.
Im hohen Bogen landete es vor den Füßen eines älteren Mannes.
Mit dem nächsten Schritt trat dieser dann hinein.
Wütend hat er sich zu Jo umgedreht und hat furchtbar mit ihm geschimpft.
Aber Jo macht das gar nichts aus.
Zufrieden mit dem neuen Kaugummigeschmack im Mund kaut er genüsslich weiter.
Dabei schmatzt er auch sehr gerne und besonders laut, obwohl sich das ja eigentlich nicht gehört.

Die Kinder machen die Schmatzgeräusche nach.

Wenn sich die Leute dann kopfschüttelnd nach ihm umdrehen und sagen: „So ein ungezogener Junge, dieser Jo", grinst Jo nur tief in sich hinein.
Jo kann auch riesige Kaugummiblasen machen.
Die anderen Kinder bekommen oft vor Staunen ihren Mund nicht mehr zu, wenn sie diese Meisterblasen sehen.

Versucht ihr doch auch mal, Kaugummiblasen zu machen!

Den Kindern Zeit geben zum Üben.

Jede Weltmeisterschaft im Kaugummiblasenmachen würde Jo bestimmt gewinnen.
Deshalb findet er es auch ziemlich gemein, dass es so eine Meisterschaft gar nicht gibt.
Auch das Knallen mit dem Kaugummi bereitet Jo große Freude.
In dem alten Eisenbahntunnel, wo Jo oft mit seinen Freunden spielt, knallt das Kaugummi besonders laut.

Beim Knall, so erklärt Jo den anderen Kindern, muss man das Kaugummi ganz fest nach innen einsaugen, fast so wie bei einem Staubsauger. Doch auch das kann keiner so gut wie Jo.

Die Kinder versuchen mit dem Kaugummi zu knallen.

Einmal jedoch hat Jo einen Traum.
In diesem Traum ist er in eine riesige Kaugummiblase eingesperrt und kann nicht mehr heraus.
Er schreit um Hilfe.
Vorsichtig tastet er sich an der Kaugummiwand entlang und sucht verzweifelt einen Ausgang.
Es gibt ihn nicht.
Gefangen in dieser klebrigen Kaugummimasse soll er nun für immer stecken bleiben?
Da hört er auf einmal einen lauten Knall.
Die Kaugummiblase scheint zerplatzt zu sein, denn Jo befindet sich endlich wieder zu Hause in seinem Bett.
Der böse Traum ist vorbei.
Am nächsten Tag jedoch, vergisst Jo das Kaugummikauen völlig. Irgendwie scheint er dazu heute keine Lust zu haben.

Swana Rensmann

Stein im Schuh

Die Geschichte erzählt von einem schlichten Problem, dem Stein im Schuh, das sich immer mehr zuspitzt und den Betreffenden bis zur Weißglut bringen kann.

–

Die Geschichte ist für eine größere Kindergruppe gut geeignet.
Die Kinder begreifen sofort, welche Bewegungen sie machen müssen, da sie schon im Text benannt werden.
Die Wiederholungen des Reims lassen sich von den Kindern leicht merken und mitsprechen.

- Unterscheiden von rechts und links
- spielerisches Auswendiglernen von kleinen Reimen

Da ist etwas in meinem Schuh,
das lässt mich schreien ganz laut: „Uhh!“
Es muss da raus, und zwar sofort,
bevor ‘s sich tief in meinen Fuß reinbohrt.“

Und genau das passiert jedem von euch irgendwann einmal.

Vielleicht kennt ihr das ja auch schon, wenn man etwas in seinem Schuh hat, was erstens nicht dahin gehört und zweitens nicht so leicht herauszubekommen ist.
Es pikt und sticht und man kann unmöglich damit weitergehen.
Dieses Problem hatte vor einiger Zeit mal ein Freund von mir.
Und was der so alles angestellt hat, um den Störenfried in seinem Schuh wieder loszuwerden, das könnt ihr nun selbst erfahren.
Stellt euch mal hin und macht doch einfach mit!

Wir gehen erst mal ganz normal im Raum umher.
Doch auf einmal, da merken wir es. Irgendetwas pikst in unserem rechten Schuh. Wir versuchen nicht daran zu denken und gehen vergnügt weiter.
Jetzt pikst es schon wieder und sogar bei jedem zweiten Schritt.
Und deshalb rufen wir ganz laut:

„Da ist etwas in meinem Schuh,
das lässt mich schreien ganz laut: „Uhh!"
Es muss da raus, und zwar sofort,
bevor 's sich tief in meinen Fuß reinbohrt."

Doch nur rufen hilft da leider auch nichts.
Wir stellen uns auf den linken Fuß und schütteln den rechten kräftig durch. So, jetzt kann es weitergehen. Nichts pikst mehr.
Oder doch? Nein! Wir gehen weiter.

Mit dem Finger in eine Richtung zeigen.

Da vorne zeigt die Ampel grün,
schnell noch hinüberhuschen. Aua, oh nein, da meldet sich unser Störenfried erneut und pikst uns so, dass es schon wehtut.
Wütend schreien wir:
„Da ist etwas in meinem Schuh …"

Was können wir nur tun?

Auf Ideen der Kinder warten.

Die Schuhe ausziehen und ausschütteln, meint ihr?
Oder: Was haltet ihr davon, die Schuhe auszuziehen und auszuschütteln?

Ich denke, das ist eine gute Idee.
Wir stellen das rechte Bein auf eine Mauer und öffnen die Schnürsenkel.
Oh nein, auch das noch, ein Knoten ist im Schnürsenkel, einer von solchen Knoten, die man nur mit einem spitzen Gegenstand wieder lösen kann.
Zu blöd!
Wir ziehen noch ein bisschen an beiden Enden des Schnürsenkels, bis wir verzweifelt rufen:

„Da ist etwas in meinem Schuh …"

Tja, da hilft es wohl nur noch, den Rest des Weges auf einem Bein zu hüpfen.
Da, seht ihr die große Pfütze?
Wir springen hinüber. Platsch! Oh nein, mitten in die Pfütze hinein.
Unsere weißen Hosen haben lauter braune Flecken und nass sind sie auch. Wütend schimpfen wir:

„Da ist etwas in meinem Schuh …"

Doch da drüben sehe ich zum Glück schon unser Haus.
Gleich haben wir es endlich geschafft!
Nur noch die Treppe hochgehüpft!
Oh, ist das schwer auf einem Bein!

Vorsichtig, ganz vorsichtig nehmen wir den zweiten Fuß zur Hilfe.
Doch wo ist das Piksen denn geblieben?
Es scheint vorbei. Jetzt, wo wir vor der Haustür stehen, pikst nichts mehr und tut auch nichts mehr weh.
Erschöpft rufen wir:

„Da war etwas in meinem Schuh.
Das ließ mich schreien ganz laut: „Uhh!"
Wo ist es hin, das Ding im Schuh?
Ich will es wissen, und zwar im Nu!"

Da pikst es mich im linken Schuh.

Swana Rensmann

Aufgewacht – die Muntermach-geschichte

Morgens fällt uns das Aufstehen immer ganz schön schwer. Wir sind noch müde und deshalb sind alle Bewegungen am Morgen sehr langsam und träge, bis auf einmal der Muntermacher im Spiegel erscheint.

–

Alle Kinder des Kindergartens können mitspielen. Die Kinder stehen so im Kreis, dass sie genügend Platz für die pantomimischen Bewegungen haben. Wichtig dabei ist, dass alle Bewegungen ganz langsam ausgeführt werden. Bei jüngeren Kindergartenkindern empfiehlt sich im Anschluss an die Geschichte, alle Kinder in einen Spiegel blicken zu lassen, um ihnen zu zeigen, dass sie dort immer ihr eigenes Spiegelbild sehen.

- Förderung von Konzentration
- Gehörtes nachspielen
- Körperbewusstsein in der Gemeinschaft fördern
- Darstellungsfreude durch Pantomime wecken
- bewusstes Erleben einer alltäglichen Situation

Zahn

Heute morgen, da hatte ich einfach noch keine Lust aufzustehen.
Kennt ihr das?
Ich war noch so richtig müde.

Alle gähnen.

Gestern da kam ein schöner Film im Fernsehen, den musste ich unbedingt noch sehen. Mama hatte mich schon ermahnt: „Wenn du solange noch fernsiehst, bist du morgen wieder ganz müde."
Und damit hatte sie wie immer Recht behalten.
Noch ganz verschlafen habe ich mich dann angezogen. Wisst ihr wie lange das dauern kann, wenn man noch so müde ist?

Stellt euch mal hin und macht einfach mit.

Sprechpause.
Szene zusammen mit den Kindern pantomimisch darstellen.

Zunächst ziehe ich meinen Schlafanzug aus. Ganz langsam erst die Hose,

dann das Hemd.

Ich falte den Schlafanzug zusammen und legen ihn auf mein Bett; erst die Hose,

dann das Hemd.

Ich nehme mir meine blaue Jeans und einen Pullover aus dem Schrank. Dann ziehe ich beides an, erst die Jeans,

dann den Pullover.

Ich gehe gähnend ins Badezimmer und schaue vorsichtig in den Spiegel.
Erst öffne ich das rechte Auge,
dann das linke Auge.

Sprechpause
Pantomime

Doch dann reiß ich erschrocken beide Augen gleichzeitig auf, denn was sehe ich da?
Eine freche Fratze schaut mich aus dem Spiegel an und streckt mir die Zunge heraus. So richtig aus vollem Hals und dann sagt sie noch: „He, aufgewacht! Ich bin der Muntermacher, was ich sage, wird gemacht und ihr dürft alle mitmachen!“

Wichtig: Für die Bewegungen immer genügend Zeit lassen! Andere Bewegungsformen können durch Vorschläge der Kinder beliebig weiter ergänzt werden.

Zuerst werden die Beine ausgeschüttelt, dann die Arme abgeklopft, der Po geht hin und her, der Kopf dreht sich mal nach rechts und mal nach links und dann wird der ganze Körper so richtig durchgerüttelt und geschüttelt.
Zum Schluss fehlen dann nur noch die Kniebeugen: ‚… und 1 und 2 und 3 und …‘
Tja, das war ja schon ganz schön, aber das geht auch noch schneller. Und noch mal von vorne, die Beine, die Arme, der Po, der Kopf und die Kniebeugen.

Geschafft! Jetzt fühle ich mich endlich richtig munter.

Swana Rensmann

Die Du-bist-lieb-Geschichte

Oft sprechen wir, wenn wir auf jemanden böse sind, verletzende Worte aus, dagegen fällt es uns schwer, einem Menschen zu sagen, wie gerne wir ihn haben. In diesem Spiel sollen solche Berührungsängste abgebaut werden.

–

Diese Mitmachgeschichte eignet sich gut für eine größere Kindergartengruppe. Die Zahl der Kinder sollte jedoch, wenn möglich, gerade sein, damit jedes Kind einen Partner hat. Ist dies nicht der Fall, kann die Erzieherin selbst aktiv werden. Die Anweisungen für dieses Spiel erhalten die Kinder direkt aus der Geschichte. Nach jeder Anweisung sollte den Kindern genügend Zeit gegeben werden, diese auszuführen.

- Berührungsängste abbauen
- dem anderen etwas Liebes sagen
- dem anderen gute Gefühle schenken
- Zweisamkeit spüren

Wenn man auf jemanden böse ist, dann sagt man ihm oft viele gemeine Worte. Fällt euch sofort eines ein?
Was habt ihr schon einmal jemandem gesagt, auf den ihr wütend wart?
Verletzende Worte zu sagen, geht oft ganz leicht.

Kinder nennen verschiedene gemeine Worte.

Ihr habt gemerkt, euch fällt sehr schnell so ein Wort ein.
Aber einem Freund, den Eltern oder auch einem lieben Menschen zu sagen, dass sie wichtig für einen sind, ist manchmal ganz schön schwer.
Wir wollen das nun einmal gemeinsam üben.
Dazu sucht sich jeder einen freien Platz im Raum.
Als Erstes gehen wir alle ganz normal im Zimmer umher.
Jeder ist noch allein, aber allein sein ist nicht schön.
Wir suchen uns einen Partner und gehen gemeinsam weiter.
Mein Partner gefällt mir gut.
Ich will ihm das sagen, aber ich weiß nicht wie.
Deshalb drücke ich seine Hand vorsichtig fester.
Ich will ihm zeigen: Du bist wichtig für mich, ich lass dich nicht los.
Ob er das verstanden hat?
Ich werde ihn zur Vorsicht noch einmal ganz in meine Arme schließen. Hoffentlich weiß er jetzt, dass ich ihn wirklich gerne habe.
Ich stelle mich ihm gegenüber.
Dann trau ich mich.
Ich sage ihm, du bist lieb und lache ihm freundlich zu.
Wenn er mir jetzt auch zulächelt, dann nehme ich ihn an die Hand und wir tanzen im Kreis. Gemeinsam rufen wir: „Wie schön, wir haben uns lieb."
Und noch einmal lauter: „Wie schön, wir haben uns wirklich lieb."
Wenn er mag, gebe ich ihm zum Schluss noch einen Kuss auf die Wange.
Jetzt bin ich sicher, er weiß: „Du bist wichtig für mich."

Du bist lieb

Der dritte Stock

Lars kauft für seine Oma, die sich den Knöchel verstaucht hat und deswegen die vielen Treppenstufen in ihrem Mietshaus nicht steigen kann, im Supermarkt ein. Um sich dabei die Zeit zu vertreiben, zählt er die Treppenstufen in Omas Hausflur.

–

Diese Geschichte eignet sich gut für eine größere Kindergruppe.
Beim Zählen der Treppenstufen können auch entsprechende Bewegungen gemacht werden, die das Treppensteigen pantomimisch darstellen.
Das Besondere dieser Mitmachgeschichte besteht darin, dass die Erzieherin zwei Varianten für die Fortführung der Geschichte zur Verfügung hat. Sie wählt dabei spontan eine der beiden Varianten entsprechend der Reaktion der Kinder.

- Einüben zunächst der Zahlenreihe bis 15, später bis 35, wobei natürlich das Zählen bis zu den angegebenen Zahlen für Kindergartenkinder nicht erforderlich ist. Trotzdem haben sie Freude daran, schon einmal so weit mitgezählt zu haben, wie das ja auch schon der große Bruder oder die große Schwester, Mama und Papa können.
- konzentriertes Mitdenken fördern

Oma Ela wohnt im dritten Stock von Haus Nr. 11 in der Komischgasse. Sie ist seit ein paar Tagen nicht mehr gut zu Fuß. Sie hat sich den Knöchel verstaucht und humpelt nun durch die ganze Wohnung.

Alle humpeln.

Deshalb hilft ihr Lars so gut er kann.
Heute soll er für Oma Ela einkaufen gehen.
Fünf Sachen soll er mitbringen: Brot, Marmelade, Eier, Milch und Quark.
Lars hat viel Zeit. Er muss erst um 17 Uhr beim Fußballtraining sein. Es ist gerade 16 Uhr.
Lars macht sich auf den Weg. Das große Treppenhaus mit den vielen Stufen hüpft er hinunter.
Von der dritten Etage angefangen zählt er die Stufen.

Macht doch mit!

Eins, zwei, drei … 15.
Nun ist er im zweiten Stockwerk angekommen.
Er beginnt erneut zu zählen.
Eins, zwei, drei … 15.
Der erste Stock. Jetzt sind es nur noch wenige Treppenstufen, dann ist er draußen.
Er zählt: Eins zwei, drei, vier, fünf und schon steht er vor dem großen alten Haus. Jetzt muss er noch um die nächste Ecke biegen, einmal die Straße am Zebrastreifen überqueren und dann kann er den Supermarkt schon sehen.
Als Lars vor dem Zebrastreifen angekommen ist, überlegt er.
Was sollte er noch alles einkaufen?
Ihm fallen nur noch drei der genannten Sachen ein: Brot, Eier, Marmelade. Aber was war da noch?

Könnt ihr ihm helfen?

1. Möglichkeit:

Gut, dass euch eingefallen ist, was Lars noch fehlte.

Jetzt geht er in den Supermarkt und kauft alles ein: Brot, Marmelade, Eier, Quark und Bananen.

Was sagt ihr da, er sollte gar keine Bananen kaufen?

Oh je, zu spät. Lars hat bezahlt und ist schon wieder auf dem Rückweg.
Er geht in das alte Haus Nr. 11 in der Komischgasse und läuft zunächst die ersten fünf Stufen hoch.
Eins, zwei … fünf.
Die erste Etage und weiter geht's.
Eins, zwei, drei … 15.
Die zweite Etage.
Eins, zwei, drei … 15.
Endlich ist er an Omas Haustür angekommen. Er klingelt und Oma öffnet die Tür.
„Hast Du alles bekommen?“, fragt sie.
„Natürlich“, antwortet Lars, „das Brot, die Marmelade, den Quark, die Eier und die Bananen.“
Da fällt es ihm selber wieder ein. Er sollte doch Milch mitbringen und keine Bananen.
Sofort läuft Lars wieder los. Diesmal zählt er die Stufen in einem durch.

Könnt ihr auch schon so weit zählen?

Eins, zwei, drei … 35 Stufen.
Jetzt nur noch um die nächste Ecke herum, über den Zebrastreifen und schon betritt er den Supermarkt.

Liebe Oma
Gute
SUPER

Er kauft die Milch und macht sich auf den Rückweg.
Viel Zeit hat er nun nicht mehr. Gleich muss er zum Training.
Das erste Training hat er schon fast hinter sich, denn nun muss er erneut die 35 Stufen hochsteigen.
Eins, zwei, drei … 35. Er klingelt und die Oma öffnet die Tür.
Er gibt ihr die Milchflasche.
Oma Ela verspricht, wenn Lars vom Fußballtraining zurückgekehrt ist, bekommt er einen leckeren Quark mit frischen? – Bananen.

2. Möglichkeit:

Wie, ihr wisst auch nicht mehr genau, was Lars noch einkaufen sollte?

Tja, dann müsst ihr den Weg wohl mit ihm zurückgehen und die Oma erneut fragen.
Um die Ecke herum und dann natürlich die Stufen wieder hoch.
Zunächst die ersten fünf.
Lars beginnt zu zählen.
Eins, zwei … fünf.
Die erste Etage ist erreicht. Weiter geht's.
Eins, zwei, drei … 15.
Die zweite Etage.
Eins, zwei, drei … 15.
Endlich steht Lars vor Oma Elas Wohnungstür.
Er klingelt. Oma Ela öffnet die Tür.
„Das ging aber schnell", ruft sie. Dann sieht sie, dass Lars noch keine Einkaufstasche bei sich trägt.
Lars fragt Oma schnell, was er noch holen sollte.
Er zählt auf: „Brot, Marmelade, Eier -" „Milch und Quark", ergänzt die Oma.

Lars macht sich gleich wieder auf den Weg zum Supermarkt.
Er zählt die Stufen, diesmal alle hintereinander.

Könnt ihr auch schon so weit zählen?

Eins, zwei, drei … 35 Stufen.
Geschafft! Nun läuft er um die nächste Ecke, über den Zebrastreifen und in den Supermarkt.
Er kauft alles ein, die Milch, den Quark, die Marmelade, das Brot und die Eier.
Außerdem nimmt er noch Bananen mit.
Er isst für sein Leben gerne Omas Quark mit frischen Bananen.
Dann macht er sich auf den Rückweg.
Am Haus der Oma angekommen muss er nun die 35 Stufen wieder hoch.
Eins, zwei, drei … 35.
Er klingelt und die Oma öffnet ihm die Tür.
Für Bananenquark ist es nun aber zu spät. Den darf er dann nach dem Fußballtraining genießen.

Swana Rensmann

Das Sonntagspicknick

Diese Geschichte handelt von einer lauten chaotischen Familie, die an einem schönen Sonntag ein Picknick veranstaltet.

–

Das Nachspielen erfolgt mit verteilten Rollen, die vorher festgelegt werden sollten. Immer wenn beim Vorlesen der Name einer Person fällt, wird das Kind, das diese Rolle inne hat, aktiv, indem es den personentypischen Satz spricht, das typische Geräusch nachahmt oder die passende Bewegung macht. Das macht den Kindern Spaß und es gipfelt oft in einem chaotischen Durcheinander. Im ersten Absatz der Geschichte werden die Familienmitglieder mit ihren Eigenheiten **(fettgedruckt)** vorgestellt.

Im Anschluss an die Geschichte könnte ein Picknick veranstaltet werden, Bilder gemalt oder selber „Geräuschgeschichten" erfunden werden.

Die Konzentration der Kinder wird gefordert, da sie aufmerksam zuhören müssen, um ihr Stichwort nicht zu verpassen.
Ebenso wird ihre Reaktionsfähigkeit geschult, da beim richtigen Stichwort sofort entsprechend reagiert werden muss.

Tages

Das ist die Familie im vorletzten Haus links in der Kleesiedlung: Vater, Mutter, Peter, Susi, das Baby, Tante Frieda und der Hund Bello.

Peter ist ein rechter Schlingel und er **pfeift** für sein Leben gern. Gerade dann, wenn er ganz gut drauf ist. Und allermeistens ist er bester Laune. Also hört man ihn sehr, sehr häufig fröhlich pfeifen.

Die **Mutter** findet das oft gar nicht so toll und manchmal geht ihr das Gepfeife so richtig auf die Nerven. Dann **schüttelt sie den Kopf und stampft so lange mit dem Fuß auf**, bis Peter das in seinem Zimmer hören kann.

Manchmal nützt das was und manchmal nicht. Meist fängt dann auch das **Baby** an zu **schreien**. Etwas, was das Baby schon sehr gut kann.

Susi, die große Schwester, geht dann zu dem Baby und **singt** ihm etwas vor.

Vater macht der Krach wenig aus, denn er ist auch wenig zu Hause. Und wenn er da ist, **liest** er friedlich in seiner Zeitung und **ruft** nur ab und zu: **„Ruhe bitte!"**

Doch wenn **Tante Frieda** zu Besuch ist, kann Vater das nicht. Tante Frieda ist seine Schwester und sie **redet ununterbrochen. Blablablabla** … und macht nur Pause, wenn sie einen trockenen Mund bekommt und sie unbedingt etwas trinken muss.

Und dann gibt es da noch den **Hund Bello**. Er macht seinem Namen alle Ehre und **immer, wenn einer der Familie ein Geräusch macht, gibt er ein lautes Bellen von sich.** Er glaubt, es ginge jetzt Gassi. Doch meistens hat keiner Zeit für Bello.

Endlich ist er da, der 1. Sonntag im Mai. **Peter** und **Susi** haben schon sehnsüchtig darauf gewartet. Hatten doch der **Vater** und die **Mutter** versprochen, dass sie alle zusammen einen Ausflug ins Grüne machen und ein tolles Picknick veranstalten.

Peter packt in seinem Zimmer den Rucksack und pfeift dabei, wie immer. **Mutter** streicht die Brote und ist genervt, **Susi** beruhigt das

Baby. **Vater** schleicht aus dem Haus, um **Tante Frieda** abzuholen, doch **Bello** erwischt ihn.
Endlich sind alle fertig und sitzen im Auto. Diesmal liest **Vater** keine Zeitung, er muss ja fahren. Trotzdem sagt er regelmäßig: „Bitte Ruhe", weil ja auch **Tante Frieda** dabei ist. Das **Baby** ist eingeschlafen. **Bello** langweilt sich.
Nach einer Weile sind sie da. Alle steigen aus dem Auto. Leider wacht das **Baby** dabei auf. Gut, dass **Susi** so gut singen kann! **Peter** ärgert sich, er soll nämlich die Decke tragen! Dafür ist **Tante Frieda** begeistert. **Bello** hat aufgehört zu bellen, denn diesmal darf er ja wirklich Gassi gehen!
Nun ist es fast still im Wald. Man hört nur **Susis** leises Singen und **Tante Friedas** leises Geplapper.
Und wenn man genau hinhört, dann auch leises Vogelgezwitscher.
Und bald darauf ist es ganz ruhig. Nur der Wind streicht durch die Bäume und die Schritte der Familie lassen das Gras rascheln.
Das ist in dieser Familie fast unheimlich und es dauert auch nicht lange! **Peter** findet es einfach zu schön und seine gute Laune kehrt zurück.
Doch immerhin pfeift er so zart, dass weder die **Mutter** genervt ist, noch dass das **Baby** wach wird.
Das geht eine Weile gut, bis der Picknickplatz gefunden ist.
Peter breitet die Decke aus und **Bello** protestiert! Er will weiter Gassi gehen. **Vater** wird ärgerlich und **Bello** legt sich beleidigt unter einen Baum.
Dann packt **Vater** seine Zeitung aus und **Peter** steht auf. Sofort ist **Bello** auf den Beinen. Das **Baby** wacht auf und **Susi** will helfen. **Tante Frieda** mischt sich ein. Da reicht es der **Mutter**! Sie springt auf, stampft mit dem Fuß, obwohl **Peter** nur ganz leise gepfiffen hat und brüllt **Vaters** Satz!
Und so ist das Chaos wieder perfekt!

Sibylle Velter

Der Farbenball

Der Farbenball ist eine Erzählung mit kleinem geschichtlichen Hintergrund. Im „Farbenball" werden die Kinder in die Welt der großen Tanzbälle entführt. Die Geschichte enthält ein sogenanntes „Teekesselchen", also ein Wort mit zwei unterschiedlichen Bedeutungen.

- Kassettenrekorder und Kassetten mit klassischer Musik
- evtl. Kostüme
- aus Pappe gebastelte Zigarren, Pfeifen und Zylinder für die Jungen

Diese Mitmachgeschichte eignet sich für eine große Zahl von Kindergartenkindern. Im Vordergrund steht die Farbenlehre, d. h. das Erkennen, Unterscheiden und Benennen von Farben. Die Erzieherin sollte darauf achten, solche Farben in die Textstellen einzubauen, die in der Kleidung der Kinder am häufigsten vorkommen.
Im Anschluss an die Geschichte könnte mit älteren Kindern das Spiel „Teekesselchen raten" gespielt werden. Spielregel: Zwei Kinder überlegen sich mit der Erzieherin ein Wort mit zwei unterschiedlichen Bedeutungen und stellen es pantomimisch dar. Die anderen Kinder versuchen diesen Begriff zu erraten.

- aufmerksam werden auf Wörter, die mehrere Bedeutungen haben
- schnelles Erkennen und Unterscheiden der Farben

Wisst ihr, was ein Ball ist?
Ja, natürlich wisst ihr das. Aber ich meine nicht so ein rundes Ding, mit dem man spielen kann, sondern einen Tanzball.
Ihr würdet es heute bestimmt Feier oder Party nennen, aber früher sagte man zu einer Veranstaltung, bei der sich viele Leute trafen, um gemütlich zusammen zu sein und auch zu tanzen, Ball.
Bei diesen Bällen trafen sich immer vornehme Damen und Herren in schicken Kleidern und Anzügen.
Wir tun jetzt mal so, als wären wir auf einem solchen Ball.

Alle suchen sich einen Platz.

Aber auf einem Ball da steht man nicht einfach nur so herum, nein, ihr müsst stehen wie vornehme Damen und Herren. Also stellt euch ganz gerade hin, Brust rausstrecken, Po rein; die Mädchen auf die Zehenspitzen, denn sie tragen hohe Absätze und lange Kleider, und die jungen Herren legen nun eine Hand in die Hüfte und rauchen vornehm mit der anderen Hand eine Zigarre oder Pfeife.

Kinder spielen Erzähltes nach.

Alle plaudern fröhlich miteinander, die Damen kichern leise und mit vorgehaltener Hand und die Herren lachen lauter und mit tiefer Stimme.
Musik erklingt, die die vornehmen Damen und Herren zum Tanze einlädt.

Erzieherin lässt leise klassische Musik ertönen.

Aber nicht alle wild durcheinander! Nein, zunächst sammeln sich die Herren auf der einen Seite und die Damen auf der anderen.

Erzieherin gibt evtl. Hilfestellung.

Nun kommen zuerst die Damen in samtroten Abendkleidern mit schwarzer Spitze.

Mädchen, die etwas Rotes oder Schwarzes in ihrer Kleidung haben.

Sie werden begleitet von Männern in blauen und gelben Anzügen.

Jungen reihen sich ein.

Die Kinder fassen sich immer zu zweit an und die Tanzpaare gehen so im Kreis umher. Dabei spielt es keine Rolle, ob jeweils ein Junge mit einem Mädchen geht – will man das erzwingen, könnte nur Unruhe entstehen.

Dann folgen einige Damen in lila- und rosafarbenen Tüllkleidern mit Perlen bestickt.
Herren in grünen und schwarzen Anzügen schließen sich ebenfalls der Tanzreihe an.

Die Tanzreihe ordnet sich nun zu einem Kreis.
Alle anderen Damen in bunten Kostümen mit schillernden Stoffen und klackernden Absätzen gehen in die Mitte des Tanzkreises.

Die restlichen Männer laufen nun vornehm außen um den Kreis herum. Alles bewegt sich so lange, wie die Musik spielt.

Der bunte Farbenball ist am Höhepunkt angekommen. Langsam, sehr langsam löst sich der Tanzkreis auf und alle verteilen sich wieder im Raum.
Die Herren rauchen noch vornehm ein bis zwei Zigarren oder Pfeifen. Die Damen plaudern und kichern weiter mit vorgehaltener Hand, …
… bis ein weiterer Tanz folgt
oder
… der Abend langsam zu Ende geht.

Die Kinder können an dieser Stelle bestimmen, ob sie noch einen Tanz anschließen möchten oder nicht.

Ein weiterer Tanz könnte von der Erzieherin gemeinsam mit den Kindern ausgedacht und durchgeführt werden.

Die Geschichte lässt sich auch gut mehrfach erzählen, wobei man das Einsetzen der Farben unterschiedlich gestalten kann, so dass jedes Kind mal in eine andere Position innerhalb des Tanzkreises rückt.

Swana Rensmann

Über den Wolken

In dieser Geschichte wird ein Flug, d.h. das Einchecken, Abheben, Fliegen und Landen mit dem Flugzeug nachgespielt.

Stühle

Die Kinder dürfen zunächst zuhören und dann im späteren Verlauf der Geschichte selbst aktiv werden. Mit dem Flugzeug zu fliegen ist besonders für Kinder immer ein spannendes Ereignis, deshalb bietet sich nach der Geschichte noch eine Gesprächsrunde an, in der die Kinder über eventuelle eigene Erfahrungen beim Fliegen berichten können.

- Ängste abbauen bei Kindern, die noch nie geflogen sind
- Nachempfinden, welche Gefühle beim Fliegen ausgelöst werden
- Kinder lernen, dass auch Erwachsene Angst haben können

Neulich, da bin ich zum ersten Mal mit dem Flugzeug geflogen. Ich war ganz schön aufgeregt.
Erst haben wir stundenlang in einer Schlange gestanden und gewartet, bis wir unsere Koffer aufgeben konnten.

Die Koffer, so hat Papa mir erklärt, fliegen im Bauch unseres Flugzeuges mit in unseren Urlaubsort.
Nachdem wir noch Zeitungen, Schokolade und Getränke gekauft hatten, mussten wir durch die Sicherheitskontrolle.
Selbst mein Teddy, alle Handgepäckstücke und unsere Jacken mussten wir auf ein Band legen. Sie wurden in einer Maschine durchleuchtet und ich konnte das Innere meines Teddys und meines Rucksacks auf einem Bildschirm sehen. War echt spitze!
Dann bin ich durch einen Rahmen gegangen und Mami hinterher. Bei ihr hat es gepiepst. Sie hatte noch ihr Schlüsselbund in der Hosentasche. Nachdem sie es hinausgelegt hatte und erneut durch den Rahmen gegangen war, hat es auch bei ihr keine Geräusche mehr gegeben.
Sie hat mir aber erklärt, dass diese Sicherheitskontrollen wichtig seien, damit Leute keine gefährlichen Gegenstände wie Waffen und Ähnliches mit in das Flugzeug nehmen.
Bei metallischen Dingen, wie z.B. ihrem Schlüsselbund, gibt es dann dieses Piepgeräusch, damit die Leute bei der Sicherheitskontrolle nachprüfen können, was das Geräusch ausgelöst hat.
Nach der Sicherheitskontrolle geht man noch durch die Passkontrolle und dann gelangt man in den Warteraum zum Abflug.
Als unser Flug schließlich aufgerufen wurde, war ich mittlerweile doch ziemlich aufgeregt und ich glaube, Papi auch! Wir sind dann direkt durch einen langen Tunnel in unser Flugzeug gegangen. Zwei Flugbegleiterinnen haben uns freundlich begrüßt und uns erklärt, wo wir unsere Sitzplätze finden können.
Das Handgepäck mussten wir in speziellen Ablagen über unseren Sitzen verstauen.
Ich habe mich natürlich an den Fensterplatz gesetzt.
Als die Anschnallzeichen aufleuchteten, hat Mami mir geholfen meinen Anschnallgurt festzuziehen. Bevor der Flug richtig losging, hat mir die Flugbegleiterin noch etwas zum Spielen geschenkt – ein tolles Malbuch übers Fliegen und ein kleines aufblasbares Flugzeug.

Außerdem hat die andere Flugbegleiterin uns noch die Funktion der Schwimmwesten unter unserem Sitz erklärt.
Auf der Startbahn angekommen hielt das Flugzeug noch einmal kurz an, um dann richtig Schwung zu holen für den Abflug.
Papa sah irgendwie ziemlich blass aus, doch ich war nun wirklich schon gespannt auf den Flug.

Wenn ihr wissen wollt, wie das war, als das Flugzeug von der Erde abhob, dann schließt jetzt mal eure Augen.
Stellt euch ein ganz lautes Motorengeräusch vor.

Alle machen Motorengeräusche.

Plötzlich setzt sich die Maschine in Bewegung. Sie wird schneller und immer schneller.
Wir rutschen auf unserem Platz hin und her.
Noch berührt das Flugzeug mit seinen Rädern den Boden der Startbahn.
Doch dann werdet ihr tief in euren Sitz gedrückt,
denn das Flugzeug hebt vom Boden ab. Mit der Flugzeugspitze voran gewinnt dann das ganze Flugzeug immer mehr an Höhe. Auf euren Ohren hat sich ein Druck gebildet. Und in eurem Bauch kribbelt es ein wenig.
Das laute Brummen der Motoren wird leise.

Wir lehnen uns nach hinten.
Die Hände berühren die Ohren, dann kreisen sie über den Bauch.
Alle machen leisere Motorengeräusche.

Die Räder des Flugzeuges werden eingefahren.
Ihr öffnet die Augen und schaut aus dem Fenster. Die Häuser, Straßen und Autos, alles wird kleiner und kleiner. Später sieht man nur noch große braune, grüne und graue Flächen. Einzelheiten lassen sich jetzt nicht mehr erkennen. Bald können wir nur noch die Wolken erkennen. Ein tolles Gefühl über den Wolken zu fliegen.

Eine Durchsage der Flugbegleiterinnen ertönt. „Wir haben die endgültige Flughöhe nun bald erreicht, bitte bleiben Sie noch so lange angeschnallt, bis die Anschnallzeichen über Ihnen erloschen sind."

Von nun an nimmt der Flug einen recht ruhigen Verlauf. Mein Vater hatte auch schon wieder etwas mehr Farbe im Gesicht als beim Start des Flugzeuges.
Ich fand's einfach nur klasse.
Der Flug ging sehr schnell rum, und als wir uns dann zum Landeanflug erneut anschnallen mussten, und mein Vater wieder etwas blasser wurde, war ich schon ein bisschen enttäuscht, dass gleich der ganze Flug vorbei sein sollte.
Aber vorher kam ja noch die Landung.
Seid ihr bereit?
Alle angeschnallt?

Mit dem Finger in eine Richtung zeigen.

O. K. los geht's. Seht, da vorne lassen sich jetzt schon wieder Felder, Wiesen und auch Straßen erkennen.

Alle machen Motorengeräusche.

Immer deutlicher wird alles auf der Erde erkennbar.
Und nun hört ihr das laute Motorengeräusch.

Alle beugen sich leicht nach vorne.

Die Rollen des Flugzeuges werden ausgefahren. Da vorne sieht man schon die Lichter der Landebahn. Ihr werdet leicht nach vorne gedrückt.

Die Hände berühren die Ohren, dann streichen sie über den Bauch.

Und mit der Spitze voran startet die Maschine zum Landeanflug. Spürt ihr wieder den Druck auf euren Ohren und das Kribbeln im Bauch?

Langsam setzt die Maschine auf. Es gibt einen Ruck, dann ist sie gelandet. In schnellem Tempo rollt sie nun noch einige Zeit weiter. Einfach toll, was?

Swana Rensmann

LUFT HANS

Der Fotograf kommt

Ein Fotograf kommt in die Kindertagesstätte, um sowohl ein Gruppenbild als auch einzelne Fotos von jedem Kind zu schießen. Dass dies natürlich nicht reibungslos verläuft, davon erzählt diese Mitmachgeschichte.

- Triangel
- Haargel
- goldene Kette mit dem Initialbuchstaben „M“ für die Rolle des Marvin
- Spielzeughandy oder ein anderer Gegenstand, der als Handy benutzt werden kann
- Stühle
- Frisiertisch

Es handelt sich hierbei um eine Geschichte, in der die Gesamtgruppe gleichermaßen aktiv werden kann, wobei besondere Rollen zusätzlich verteilt werden.
Rollen: Fotograf mit Assistent, Marvin, Felix, Anna, Nadine, Tim, David, vier Jungen.
Die Geschichte kann mehrmals wiederholt werden, wobei die Rollen erneut verteilt werden.

- Realistische Situation soll dargestellt und in überzogener Weise nachgespielt werden.
- Selbstbewusstsein der Kinder, die eine Hauptrolle übernommen haben, wird gestärkt.

- Kinder, die „nur" eine Nebenrolle haben, lernen, damit umzugehen bzw. zu warten, bis auch sie durch eine spezielle Rolle in den Vordergrund treten.

Heute sollte der Fotograf in die Kindertagesstätte kommen. Er wurde gegen neun Uhr erwartet. Gerade war es acht Uhr.

Ein Kind schlägt achtmal die Triangel.

Viele Kinder aus der Haifischgruppe waren schon da. Die meisten von ihnen hatten sich für den heutigen Fototermin besonders schick gemacht.
Die Mädchen mit längeren Haaren hatten diese zu Zöpfen, Kränzen und sonstigen kunstvollen Frisuren zusammengesteckt.

Mädchen mit langen Haaren treten vor.

Marvin fiel ebenfalls auf. Mit Haargel hatte seine Mutter die Haare frech nach oben stehend frisiert. Außerdem trug er eine neue goldene Kette um den Hals.
Sie hatte einen kleinen Anhänger, in der Form eines „M", also des Anfangsbuchstabens seines Namens Marvin.

Ein Junge, der die Rolle des Marvin spielt, tritt hervor.

In der Gruppe herrschte ein wildes Durcheinander.

Die Kinder laufen wild durcheinander.

Die Kinder erwarteten voller Spannung den kommenden Fototermin. Der Fotograf kam pünktlich um neun Uhr.

Ein Kind schlägt neunmal die Triangel.

Zuerst wurde das Gruppenfoto gemacht. Stühle mussten herangeschleppt werden und jedes Kind bekam einen Platz zugewiesen.
Es wurde darauf geachtet, dass größere Kinder nicht die etwas kleineren verdecken konnten.

Die Kinder stellen sich so auf, dass niemand verdeckt wird.

Das Kind, das den Fotograf spielt, gibt Anweisungen, wo jeder zu stehen hat.

Die Erzieherinnen haben sich auch mit an den Rand des Bildes gestellt.

Marvin drängelt sich in die erste Reihe.

Marvin wollte unbedingt in der ersten Reihe stehen.
„Von hinten sieht man meine goldene Kette bestimmt nicht so gut", gab er zu bedenken.

„Felix" hält ein Spielzeughandy ans Ohr.

Felix hingegen wollte sein Spielzeughandy nicht aus der Hand legen. Er schien noch einen wichtigen Anruf zu erwarten.

Die Erzieherin kämmt „Anna".

Anna fand, ihre Haare würden nicht mehr ordentlich liegen, so dass ihre Erzieherin sie ihr nochmals kämmen musste.

Es dauerte also eine ganze Zeit, bis endlich das Gruppenfoto geknipst werden konnte.
Beim ersten Knipsen hat Tim dem David die Zunge herausgestreckt *(nachspielen)*, so dass der Fotograf zur Sicherheit lieber gleich noch eines hinterher geschossen hat.
Viel besser kann das aber auch nicht gewesen sein, denn während Nadine in der Nase bohrte *(nachspielen)*, hat nun David dem Tim einen Vogel gezeigt *(nachspielen)*.
Das dritte Foto dürfte dann ganz gut geworden sein.
Alle waren allerdings froh, als sie sich wieder bewegen durften.

Alle Kinder rufen zusammen „Spaghetti, Tortellini, Aprikose".

Jeder hatte schon fast einen Knoten in der Zunge, weil alle für das Foto immer so komische Sachen wie Spaghetti, Tortellini, Aprikose usw. sagen mussten.

Dann kamen die Einzelfotos.

Jedes Kind stellt sich einzeln vor den Fotograf.

Im großen Bewegungsraum hatte der Fotograf seine Ausrüstung stehen. Hier wurden dann auch alle einzeln fotografiert.

Nach einer halben Stunde fehlten nur noch vier Jungen.
Eine Erzieherin machte sich gleich auf die Suche, um ihnen Bescheid zu geben. Sie hat in vielen Räumen nachgesehen, bevor sie sie endgültig im Badezimmer gefunden hatte. Aber irgendwie sahen sie ein wenig anders aus als heute morgen, als sie in die Kindertagesstätte gekommen waren. Die vier Jungen hatten sich Kleister besorgt und ihre Haare zu besonders auffallenden Frisuren gestylt.

Vier Jungen stylen sich ihr Haar mit Gel.

Marvin hatte ihnen dabei Tipps gegeben. Er hatte ja seiner Mutter zusehen können, wie sie seine Haare frisierte.
Die Erzieherin guckte ganz schön komisch. Sie schimpfte aber zum Glück nicht, sondern grinste nur ein bisschen.
Weil sie die Frisuren der Jungen auch echt stark fand, hat sie dann mit der Kamera der Kindertagesstätte noch extra Fotos geschossen.
Für den Fototermin beim Fotografen konnte die Erzieherin die Jungen aber überzeugen, sich mit ihren vorherigen Frisuren knipsen zu lassen. Dafür mussten sie zwar erst den Kleister wieder auswaschen und die Haare föhnen, aber mit Hilfe der Erzieherin ging das ganz schnell.

Swana Rensmann

Zirkusparade

Diese Geschichte erzählt vom Aufmarsch einer Zirkusparade. Im Vordergrund stehen die Geräusche, die Sprache und der Krach, der dabei entsteht und die Darstellungsfreude der Kinder.

Kostüme und Requisiten erleichtern das Spiel, sind aber nicht zwingend notwendig.

Gespielt wird zur Erzählung, die bei den Darstellungen unterbrochen wird. Die Kinder können eigene Zirkuserfahrungen einbringen und im Anschluss selber eine Zirkusvorstellung erfinden. Es bietet sich auch an, wenn möglich, eine echte Vorstellung zu besuchen oder auch Bilder zu malen.

- Förderung der Ausdrucksmöglichkeit durch Sprechanlässe
- Einbringen eigener Ideen in die gesamte Gruppe

Es war eine Stadt so wie deine. Es gab Straßen, Häuser, Gärten und viele Menschen. Meistens lief alles seinen eintönigen Gang. Das fanden ganz besonders die Kinder. Doch eines Tages tauchten in der Stadt interessant gekleidete Leute auf, die Plakate an die Zäune hängten. Darauf stand:

Zirkus
MARCONI
Samstag und
Sonntag
15⁰⁰ Uhr
auf dem
Festplatz

Alle laufen wild gestikulierend durcheinander.	Die Kinder liefen aufgeregt durcheinander.
Augen schließen, laute Schnarchgeräusche.	Endlich war mal was los in der kleinen Stadt. Aber einmal mussten sie noch schlafen, bis es endlich soweit war.
Pauke oder sonstiges lautes Instrument.	Am nächsten Morgen wurden sie von Paukenschlägen geweckt.
Alle laufen wild gestikulierend durcheinander.	Schnell sprangen sie auf die Straße um ja nichts zu versäumen.
Die Kinder stellen den Zirkusdirektor wie beschrieben dar und sprechen den Text.	Die Parade begann. Ganz vorneweg marschierte der Zirkusdirektor. Er schwenkte seinen Hut und grüßte fröhlich nach alle Seiten. Dabei rief er immer wieder: „Der Zirkus Markoni lädt alle ein, heute dabei zu sein!“
Die Kinder stellen den Musikanten dar.	Gleich hinter ihm ging der Paukenmann, der diese Einladung durch seine Musik bekräftigte.
Die Kinder traben, galoppieren und „wiehern“.	Dahinter tänzelten die aufgeregten, geschmückten Pferde. Sie drehten und wendeten sich, dass man sie auch von allen Seiten bewundern konnte. Dabei wieherten sie laut.
Entsprechende Darstellung mit schweren Schritten.	Es folgten zwei mächtige Elefanten, die stampften, dass die Erde bebte. Sie hoben die Rüssel und trompeteten so laut sie konnten.
Kinder stellen die Jongleure pantomimisch dar.	Spätestens jetzt waren auch die letzten Bewohner der Stadt wach gerüttelt! Viel eleganter als die schweren Elefanten, kamen jetzt die Artisten und Jongleure daher. Sie warfen Bälle und Tücher in die Luft und lachten nach allen Seiten.

Den Schluss des Zuges bildete eine zierliche Seiltänzerin, die mit kleinen Schritten und einem aufgespannten Schirm hinter den Artisten hertippelte. Sie schwenkte den Schirm mal nach rechts und mal nach links und warf Kusshändchen nach beiden Seiten.

Darstellung wie im Text beschrieben.

Der Zug baute sich im Halbkreis auf und der Direktor rief: „Heute Nachmittag findet unsere Vorstellung im Zelt auf dem Festplatz statt! Wir würden uns freuen, wenn wir Sie alle als unsere Zuschauer begrüßen dürften!"
Und dann zog sich der Zug mit fröhlichem Lärm unter Winken der Zuschauer auf der Straße zum Festplatz zurück, bis es wieder ganz ruhig wurde in der Stadt.

Sibylle Velter

Die Mäuse-Mitmachgeschichte

Im Haus der Familie Müller befinden sich fünf kleine Mäuse. Sie treiben ihr Unwesen, indem sie als Erstes Lukas‘ Schulhefte anfressen und dann auch noch eines Nachts die fünf wertvollen Ringe der Oma verstecken.

- Papier und Stifte
- Goldfolie und eine Perle für die Ringe
- Kleine Ohren aus Papier oder Pappe basteln

Die folgende Mitmachgeschichte ist dreigeteilt.
Im ersten Teil dürfen die Kinder zunächst zuhören und dann den Abschluss dieses Teils selber durch Erstellen eines Briefes gestalten.
Der zweite Teil könnte als Rollenspiel dargestellt werden. Des Weiteren bietet sich an, die Kinder ein Suchbild zeichnen zu lassen. Der zweite Teil endet mit einem Fingerspiel.
Im dritten Teil dürfen die Kinder wieder zunächst zuhören und dann das Anschlussspiel spielen und somit aktiv werden.

- die Kreativität der Kinder durch das Verfassen eines eigenen Briefes und das Zeichnen eines Suchbildes fördern
- Darstellungsfreude durch das Rollenspiel wecken
- Sprache und Motorik im Fingerspiel üben
- die Unterscheidung von rechts und links einüben

1. Teil

Geräusche können von den Kindern gemacht werden.

Als Lukas in der Nacht erwacht, hört er merkwürdige Geräusche, ein Scharren und Kratzen, Rascheln und Fiepen.
Schnell hält er sich die Ohren zu. Die Geräusche sind jedoch zu laut. Er springt aus dem Bett und läuft blitzschnell zum Schlafzimmer der Eltern. Hier kuschelt er sich gemütlich zwischen Mama und Papa und schläft ein.
Am Morgen sind Lukas' Eltern fest davon überzeugt, dass Lukas einfach nur schlecht geträumt hat.
Lukas ist nicht mehr sicher, waren die Geräusche in der Nacht Wirklichkeit gewesen? Er hat keine Zeit mehr darüber nachzudenken. Lukas muss zur Schule.
Zwei Bücher steckt er noch schnell in seine Schultasche.
Als er jedoch die Schulhefte herausnehmen will, um zu schauen, ob sie auch alle da sind, erschrickt er.
Viele kleine kreisförmige Löcher sind in alle Hefte gefressen. „Das war bestimmt ein Bücherwurm", meint Lukas.
Aber Papa schüttelt nur den Kopf und sagt: „Nein, Lukas, das waren wohl eher bildungshungrige Mäuse."
„Was heißt bildungshungrig?", fragt Lukas den Papa.
„Die dachten, sie könnten aus deinen Heften etwas lernen", lacht Papa. „Ich glaube, die hatten sich noch nicht bis zu deiner Fünf in Mathe durchgefressen."
Lukas fand das gar nicht lustig.
Wie sollte er das bloß seiner Lehrerin erklären?
Die wird bestimmt furchtbar wütend sein.
Doch jetzt hat Papa eine Idee. „Wir schreiben deiner Lehrerin einfach einen Brief und erklären ihr alles. Du kannst ihr den Brief vor Unterrichtsbeginn geben. Dann wird sie schon verstehen."

Der Brief über die bildungshungrigen Mäuse

- *Ältere Schulkinder könnten nun selbst diesen Brief verfassen.*
- *Jüngere Kindergartenkinder könnten den Brief zeichnerisch gestalten oder gemeinsam mit ihrer Erzieherin einen Brief formulieren.*

2. Teil

Die Geschichte wird von einigen Kinder als Rollenspiel dargestellt. Das Rollenspiel endet an dieser Stelle.

Fünf kleine Mäuse leben nun schon seit ein paar Tagen im Haus von Lukas und seinen Eltern.
Tagsüber schlafen sie fest, doch in der Nacht tippeln sie aufgeregt umher. Im Haus der Müllers gibt es viel Spannendes zu entdecken. Lukas' Zimmer kennen die Mäuse schon gut. Und wenn sie hungrig sind, dann fressen sie, was sie gerade finden.
Neulich, da haben sie, aber das wisst ihr ja schon, ganz viele von Lukas' Schulheften angefressen.
Zurzeit ist Lukas' Oma zu Besuch. Im Gästezimmer, wo die Oma schläft, wollen die Mäuse heute mal hereinschauen.
Gesagt getan. Eins, zwei, drei, vier, fünf kleine Mäuse schlüpfen ins Zimmer der Oma.
Die Oma schläft fest und schnarcht dabei ganz fürchterlich.
Auf Omas Nachttisch blitzt und funkelt es.
Oma hat ihre fünf Ringe auf das Nachttischchen gelegt.
Die Mäuse finden großen Gefallen an den funkelnden Ringen.
Jede nimmt einen in ihr Maul und trägt ihn davon. Eine Zeit lang spielen sie mit den Funkelringen.
Kurz bevor es hell wird, verstecken die Mäuse die Ringe der Oma in fünf verschiedenen Verstecken.
Dann huschen sie zur Tür hinaus und zurück in ihr Mauseloch.

Als die Oma am nächsten Morgen erwacht, sucht sie verzweifelt ihre Ringe.

Alle helfen mit: Lukas, Mama und auch Papa. Oma ist traurig und wütend zugleich. Sie ruft ständig: „Diebe, Diebe, wer hat meine Ringe geklaut?“
Vier der Ringe haben sie sehr schnell gefunden. Aber wo hat sich bloß der fünfte versteckt?
Er ist der kostbarste Ring mit einem großen funkelnden Diamanten. Doch er ist und bleibt verschwunden.
Es war Omas Lieblingsring, sie hatte ihn vor langer, langer Zeit von Opa zur Hochzeit geschenkt bekommen. Nun musste Oma ein bisschen weinen.

Suchbild

Die Kinder könnten nun selber ein Suchbild malen, in dem der fünfte Ring ein ganz besonderes Versteck bekommt.

Fingerspiel

Fünf Ringe liegen hier und funkeln.	*Die fünf Finger der rechten Hand hoch halten und dabei die ganze Hand nach links und rechts drehen.*
Da kommen fünf Mäuse und schlüpfen ins Dunkel.	*Die linke Hand als Faust hochheben und an den Fingern bis fünf abzählen.*
Sie sehen die Ringe auf dem Tischchen, da warten sie nur noch ein kleines bisschen.	*Die linke Hand wandert langsam auf die rechte zu und hält dann kurz inne.*
Dann nehmen fünf Mäuse furchtbar flink, eine jede das runde funkelnde Ding.	*Die linke Hand greift flink nach den einzelnen Fingern der rechten.*

Verstecken es nach Mäuseweise, in Kissenhüllen mäuseleise.	*Die linke Hand macht Bewegungen in alle Himmelsrichtungen, um zu zeigen, wo überall die Verstecke sein könnten.*
Nur eine Maus versteckt ihn so, da fand ihn keiner nirgendwo.	*Den Daumen der linken Hand hoch strecken. Anschließend beide Handflächen fragend nach oben zeigen lassen.*

3. Teil

Es ist kurz vor Weihnachten. Lukas soll ein ganz besonderes Geschenk bekommen – ein neues Zimmer. Das Gästezimmer, in dem die Oma oft gewohnt hat, soll nun Lukas' Zimmer werden. Es ist viel größer und durch zwei Fenster und eine Tür zur Terrasse besonders hell und freundlich. Für die Oma ist dann natürlich auch noch Platz. Sie bekommt das alte Zimmer von Lukas.
Außerdem soll Lukas auch noch neue Möbel bekommen. Der schwere Eichenschrank im alten Gästezimmer gefällt Lukas gar nicht. Er wird gerade wegtransportiert, als Lukas vor Überraschung aufschreit: „Guck mal! Guck!", ruft er und deutet mit dem Finger auf die Stelle, wo der Schrank gestanden hat. Dort blitzt und funkelt etwas.

Könnt ihr euch vorstellen, was es ist?

„Der fünfte Ring", ruft Lukas und hebt ihn vorsichtig auf.
Durch das Gewicht des Schrankes hat er sich leicht verbogen. Aber er leuchtet noch wie früher. Für Mama und Papa ist das ein Rätsel. „Wie kann eine Maus den Ring nur unter den schweren Schrank geschleppt haben?"

Schließlich steht der dicke Eichenschrank mit ganzem Fuß fest auf dem Teppichboden.
„Ich glaube, wir hatten eine Zaubermaus", stellt Papa fest und schüttelt dabei immer noch verwundert den Kopf.
Der Ring wird gleich am nächsten Tag zum Juwelier in die Stadt gebracht, der soll ihn wieder gerade biegen.
Und so geschieht es, dass nicht nur Lukas ein ganz besonderes Geschenk bekommt, sondern auch die Oma.
Als Oma das kleine Geschenkkästchen öffnet, schreit sie laut auf und anschließend weint sie sogar ein bisschen, aber diesmal nur aus Freude. Sie sagt, es sei das schönste Weihnachtsgeschenk in all den Jahren. Und weil sie so glücklich ist, sind es alle anderen auch.

Spiel zur Geschichte: Finde die Ringe

Vorbereitung:
Es werden fünf Ringe aus Goldfolie geformt. Sie sollten auf den Ringfinger eines Kindes passen. Ein Ring sollte besonders, z.B. durch eine kleine Perle, gekennzeichnet sein. Dies ist der wertvollste der fünf Ringe.

Durchführung:
- Die Kinder stellen sich im Kreis auf. Ein Kind spielt die Oma. Es geht vor die Tür und wartet, bis ihm die anderen Kinder durch lautes Rufen oder Klatschen das Zeichen zum Hereinkommen geben.
- Die Kinder, die den Kreis bilden, spielen die Mäuse. Fünf Kinder dürfen nun jeweils einen der fünf Ringe an den Ringfinger ihrer rechten oder linken Hand stecken.
- Alle Kinder bzw. Mäuse verstecken nun ihre Hände hinter dem Rücken.

- Das Kind, das vor der Tür steht, wird nun durch das vereinbarte Zeichen hereingerufen.
- Es wird mit geschlossenen Augen bis in die Mitte des Kreises geführt.
- Von hier aus beginnt es, seine Suche nach den verloren gegangenen Ringen.
- Durch die Bitte an jeweils ein Kind, wie z.B.: „Zeige mir deine rechte Hand", erfährt das Kind, ob sich hier ein Ring versteckt hat. Es kann natürlich auch nach der linken Hand fragen. Jedoch darf ein Kind nicht zweimal hintereinander um das Vorzeigen seiner Hände gebeten werden.
- So geht das Kind, welches die Oma spielt, zu den einzelnen Kindern und findet nach und nach die Ringe. Liegt in der Hand, die vorgezeigt wurde, kein Ring, so darf sie trotzdem nicht wieder hinter dem Rücken versteckt werden. (Lässt man diese Regel bei älteren Kindern weg, wird das Spiel erschwert.)
- Wird der wertvollste Ring schon gefunden, bevor die vier anderen entdeckt wurden, ist das Spiel beendet und eine neue Oma kann bestimmt werden.

Dieses Spiel übt die Unterscheidung von rechts und links und fördert die Konzentration der Kindergruppe.

Swana Rensmann

Eine ganz besondere Freundschaft

Krokodile sind für andere Tiere, wie z.B. für die Zebras, sehr gefährliche Feinde. Eine ganz besondere „Freundschaft" jedoch verbindet die Krokodile mit den Madenhackern. Das sind kleine Vögel, die das Gebiss der Krokodile reinigen und sich von diesen Nahrungsresten ernähren.

Eigentlich nicht notwendig, die Kinder können einfach drauflos spielen, falls die Geschichte als kleines Theaterstück aufgeführt werden soll, kann man folgende Requisiten herstellen:

- Ein breites Papierband kann blau gefärbt werden, es stellt den Fluss dar.
- Aus Pappmachée oder Kartons können Krokodilsköpfe hergestellt werden.
- Für die Zebras können weiße T-Shirts mit schwarzen Streifen versehen werden.
- Für die Vögel können aus bunter Pappe Flügel und Schnäbel gebastelt werden.

Die Kinder werden zu Beginn der Geschichte in Krokodile, Zebras und Madenhacker eingeteilt. Die Krokodile liegen verteilt in der Mitte des Raumes.
Die Zebras tummeln sich solange in einer Ecke und die Madenhacker in einer anderen, bis sie zum Einsatz kommen. Die Kinder spielen die Geschichte nach. Bei Wiederholung der Geschichte können von den Kindern gebastelte Requisiten eingesetzt werden.

- Die Kinder erfahren anhand der Geschichte, dass manche Tiere Zweckgemeinschaften gründen.
- Die Kinder versuchen sich in andere Rollen hineinzuversetzen und sie nach eigener Fantasie auszuspielen.
- Die Kinder lernen anhand der Geschichte die Eigenschaften der einzelnen Tiere kennen.

„Krokodile" liegen mit dem Bauch auf dem Boden.

In Afrika am Nil leben viele gefräßige Krokodile. Wenn sie satt sind, sonnen sie sich am Ufer des Flusses und bewegen sich kein bisschen. Sie sind richtig schön faul. Tiere, die sich ihnen nähern, brauchen nun keine Angst zu haben. Wenn die Krokodile keinen Hunger haben, greifen sie auch nicht an.

„Zebras" schleichen sich an.

Gerade kommt eine Herde Zebras an die Wasserstelle. Sie haben Durst, vorsichtig nähern sie sich dem Flussufer, wo die gefährlichen Krokodile in der Sonne liegen.
Aber scheinbar sind die Krokos nicht hungrig.
Sie beachten die Zebras gar nicht. Die Herde der Zebras beginnt zu trinken.

„Krokodile" stürmen auf die „Zebras" zu , Arme bilden geöffnetes Krokodilmaul.

Doch plötzlich bewegen sich die Krokodile blitzschnell auf die Zebras zu. Ihr Maul haben sie dabei weit aufgerissen.

Aber die Herde der Zebras hat die Gefahr rechtzeitig erkannt. Sie kann entkommen. Das ist nicht immer so. Manchmal wird auch ein Tier von einem Krokodil geschnappt.

Einige „Krokodile" begeben sich auf den blauen Fluss aus Papier.

Nun breiten sich die Krokodile wieder am Flussufer aus. Einige tauchen auch ins Wasser, um ihren Panzer abzukühlen.

Die „Madenhacker" setzen sich auf den Rücken der „Krokodile".

Aber dann kommen neue Tiere zur Wasserstelle. O je, was wird jetzt geschehen?
Einige kleine Vögel flattern herbei. Sie landen direkt auf dem Rücken der Krokodile.

Die „Madenhacker" erheben sich, auch die „Krokodile" setzen sich auf ihre Knie. Mit den Armen bilden sie wieder ein geöffnetes Krokodilmaul, in das die „Madenhacker" hineinschauen.

Und dann tapsen sie weiter bis in das weit geöffnete Maul der riesigen Krokos.

Wenn die ihr Maul jetzt zuklappen, sind die kleinen Tiere für immer verloren.

Die „Madenhacker" pulen mit ihren Fingern im „Krokodilmaul".

Aber die Krokodile lassen ihr Maul aufgesperrt, denn zwischen ihnen und den kleinen Tieren besteht eine ganz besondere Freundschaft. Die kleinen Vögel, genannt Madenhacker, sind die Zahnbürsten der Krokodile. Sie picken Essensreste aus den Zähnen der Krokos auf und verhindern, dass die Krokodile „Karies" bekommen. Für den Madenhacker sind die Essensreste aus den Zähnen der viel größeren Krokodile Nahrung.

Diese besondere Freundschaft der beiden doch so unterschiedlichen Tiere nennt man Symbiose.

Swana Rensmann

Von Tauben und Grauhörnchen

Grauhörnchen sind – im Gegensatz zu den Tauben – im Hydepark von London bei den Menschen sehr beliebt.
Ein Mann in zerrissener Kleidung gibt sich aber gerade mit den von allen anderen Leuten verachteten Tauben ab.

- evtl. Bühnenbild
- Stühle
- evtl. zerrissener Mantel für die Rolle des alten Mannes
- evtl. Futtertüten
- Schwänze für die Rolle der Grauhörnchen
- Flügel aus Karton für die Rolle der Tauben

Ein kleines Szenenspiel, in dem viele Akteure beteiligt sein können. Die Erzieherin kann je nach Anzahl der Kindergruppe selbst bestimmen, wie viele Rollen sie verteilt. Rollen: Tauben, Grauhörnchen, kleiner Junge, Menschen im Park, alter Mann.
Die Kinder spielen das Gehörte nach, während die Erzieherin als Erzähler tätig wird. Sie sollte den Kindern immer genügend Zeit einräumen, das Gehörte auszudrücken.

- Die Kinder erfahren, dass Andersartigkeit zum Leben dazugehört.
- Die Kinder erleben, dass auch Dinge, die von der Gesellschaft verurteilt werden, nicht unbedingt schlecht sein müssen, sondern für andere ein Stück Glück bedeuten können.

„Tauben" treten in die Mitte, machen laute Gurrgeräusche, Flugbewegungen mit den Armen, Pickbewegungen (Kopf ruckartig nach unten und oben bewegen).

Im Hydepark von London
gibt es viele Tauben.
Durch ihr lautes Gurren machen sie stets auf sich aufmerksam.
Man sieht sie auf Bäumen oder an Parkbänken nach Essensresten picken oder auch einfach nur durch die Lüfte fliegen.

„Grauhörnchen" flitzen zu Tauben, halten kurz inne, flitzen dann wieder im Raum umher.

Und es gibt noch eine andere Sorte von Tieren im Hydepark, die Eichhörnchen. Wegen ihres etwas gräulich schimmernden Fells nennt man sie auch Grauhörnchen.

Ein „Grauhörnchen" frisst einem Jungen aus der Hand.

Diese kleinen flinken Tierchen scheinen keine große Scheu vor den Menschen zu haben. Sogar ganz im Gegenteil:
Neulich, da habe ich beobachtet, wie ein Grauhörnchen einem kleinen Jungen aus der Hand fraß.

Einige Kinder stellen diese Szene nach.

Es kommen nämlich viele Leute jeden Tag in den Park. Manche führen ihren Hund spazieren oder joggen, reiten sogar mit Pferden auf den Reitwegen des Parks oder gehen einfach nur gemütlich spazieren.

Einige Kinder umkreisen ein paar „Grauhörnchen".

Und diese gemütlichen Spaziergänger haben dann auch oft eine Tüte mit Erdnüssen dabei.
Sie kennen die Aufenthaltsorte der Grauhörnchen genau, so dass sie nicht lange suchen müssen, bis sie eines dieser niedlichen Tierchen gefunden haben.

Andere „Grauhörnchen" befinden sich außerhalb des Kreises, einige auf Stühlen, die als Baumstämme dienen.

Manchmal sieht man auch eine ganze Gruppe von Grauhörnchen, um die dann immer eine große Menschenschar versammelt ist. Mutige Grauhörnchen wagen sich ganz nah an die Menschen heran, andere bleiben lieber in sicherer Entfernung auf Baumstämmen zurück.

Von jungen und auch älteren Menschen kommen immer dieselben entzückenden Rufe, wenn sie die Grauhörnchen entdeckt haben. Nicht selten hört man: „Lovely, wonderful, so nice …“
Die Leute lieben diese kleinen Tiere, denn für sie gehören sie einfach zum Hydepark dazu.
Den grauen, häufig gurrenden Tauben schenken die Menschen wenig Beachtung und wenn, dann beschweren sie sich höchstens über sie.

Kinder sprechen englische Ausdrücke nach.

Wenn die Tauben im Flug über die Köpfe der Menschen hinwegflattern, kann man beobachten, wie die Leute zusammenzucken aus Sorge, die Tauben könnten ihnen auf den Kopf machen.
Manchmal passiert das auch.
Die betreffenden Leute werden dann richtig wütend und mit geballten Fäusten schimpfen sie hinter den Tauben her.

„Tauben“ steuern mit Flugbewegungen auf die übrigen Kinder zu, die zusammenzucken und schimpfen.

Es gibt eigentlich auch sonst niemanden, der für die grauen Vögel extra Futter mitbringt. Wenn die Tauben versuchen, etwas von dem mitgebrachten Futter der Grauhörnchen zu bekommen, werden sie ebenfalls von den Menschen ausgeschimpft und meistens weggejagt.
Doch neulich, da sah ich, wie ein alter Mann in zerrissener Kleidung über und über besät war mit Tauben.
Ich konnte es zunächst gar nicht glauben.
Er hatte seine beiden Arme ausgestreckt und ließ es zu, dass immer mehr Tauben auf ihnen Platz nahmen. Selbst auf seinem Kopf und auf den Schultern ließen sie sich nieder.
Ich fragte mich, wer wohl dieser alte Mann war. Als ich ihn ansprach, lachte er nur. Dann hörte ich ihn sagen: „Darf ich vorstellen: meine einzigen Freunde. Sie sind genau wie ich, nicht besonders hübsch anzusehen, aber sie kommen immer zu mir zurück.“

„Alter Mann“ steht in der Mitte mit ausgebreiteten Armen. Viele „Tauben“ klammern sich an Arme und Beine.

Swana Rensmann

Von Feen und fliegenden Luftmatratzen

Der erste Kindergarten

Eine Zauberin lernt durch den Besuch eines Kindes ihre Einsamkeit und Langeweile zu überwinden. Sie erlebt, was es heißt, Kind zu sein und in Gemeinschaft zu spielen und Freunde zu finden.

Diese Geschichte ist ohne jede Vorbereitung zu spielen. Lediglich die Zauberin trägt eventuell ein Kostüm, ein einfacher Umhang genügt. Als Requisite ist nur ein Zauberstab notwendig.

Alle Kinder des Kindergartens können mitspielen. Erzähler und Zauberin werden von den Erzieherinnen übernommen. Das garantiert ein Zusammenspiel der Gruppe. Zu Beginn der Erzählung sitzen alle Kinder (als Steine) in einem Kreis um ein angedeutetes Haus in der Mitte. Vor dem Haus sitzt eine „Zauberin“. Bevor die Erzählung beginnt, sollte ein Kind ausgesucht werden, das in der Erzählung der Zauberin begegnet.
Die Kinder können gemäß der Erzählung spielen, was sie hören und empfinden und kindgemäße Erklärungen zu den Fragen der Zauberin formulieren.

Es werden Sprechanlässe gegeben, Körperbewusstsein angebahnt und die Darstellungsfreude geweckt.

Vor der Zeit aller Zeiten und einem Tag lebte in einem großen dunklen Wald eine Zauberin. Sie lebte allein in einem grauen, riesigen Haus. Ringsherum um das riesige graue Haus hatte sie Steinbrocken von der Größe eines Hundes gezaubert. Das war wie ein Ring, der das Haus einschloss und abschloss vor dem großen dunklen Wald.

Am Morgen zauberte sie sich ein Frühstück und aß.
Ganz alleine.

Essen pantomimisch darstellen.

Am Vormittag machte sie einen Rundgang durch ihr Haus.
Ganz alleine.

Mit den Füßen Gehbewegungen am Platz.

Am Mittag zauberte sie sich ihr Mittagessen und aß. Ganz alleine.

Pantomime

Am Nachmittag wanderte sie an ihren Steinen entlang und spähte hinaus in den großen, dunklen Wald. Ganz alleine.

Gehen und spähen.

Am Abend zauberte sie sich ihr Abendessen und aß. Jeden Tag aller Tage und immer ganz alleine.

Essen pantomimisch darstellen.

Sie fand das ganz in Ordnung so. Es war immer so gewesen. Doch eines Morgens wurde alles ganz anders.
Die Zauberin entdeckte eine Gestalt vor ihrem Haus, neugierig trat sie aus der Tür.

Die Zauberin steht auf und sie und das Kind spielen nach der Erzählung.

Sie hatte noch niemals ein kleines Menschenkind gesehen. Sie kannte nur sich selbst, den Wald, die Tiere des Waldes, ihre Steine und ihr Haus.

Nun standen sie sich beide gegenüber. Das kleine Mädchen und die Zauberin. Jede hatte ein wenig Angst vor der anderen und keine von beiden sprach ein Wort. Vorsichtig umkreisten sie sich, bis es das kleine Mädchen nicht mehr aushielt und fragte: „Wer bist du?“, Da richtete sich die Zauberin zu ihrer vollen Größe auf und donnerte los: „Ich bin Philomena, die Zauberin!“ Auch das Kind stellte sich vor: „Ich bin …*(Name eines Kindes einsetzen)*“. Die Zauberin wollte mehr wissen: „Bist du ein wildes Tier?“

Alle Kinder im Kreis versuchen zu erklären, was ein Menschenkind ist.

„Nein, ich bin ein Menschenkind!“
„Was ist ein Menschenkind?“, wollte die Zauberin wissen, und das kleine Mädchen erklärte es, so gut es das eben konnte.

Das Kind fand die Zauberin interessant, deshalb wollte es gern mehr über sie erfahren und fragte „Lebst du ganz alleine hier?“
„Ja, mir hat bis heute auch niemand gefehlt. Ich hätte mir sonst hergezaubert, was ich wollte. Siehst du die Steine dort? Die habe ich mir um mein Haus gezaubert.“
„Ganz schön langweilig, Steine zu zaubern. Mit denen kann man ja nicht spielen.“

Die Kinder versuchen frei zu erklären, womit man spielen kann.

„Womit kann man denn spielen?“, wollte die Zauberin wissen.
Und das kleine Mädchen erklärte es ihr, so gut es das eben konnte.

Der Zauberin gefiel das, was das Mädchen, erzählte so gut, dass sie beschloss, es auszuprobieren. Sie zauberte alles mit dem Satz herbei:
„Fremdes buntes Kuckucksei,
(*z. B. Puppe…..*) flieg herbei!
Möglichst viele der genannten Gegenstände „herzaubern“.
Und schon flogen viele viele Spielsachen durch die Luft und landeten im Steinkreis.
Die Zauberin ließ sich alles erklären und wollte gleich anfangen, damit zu spielen.

Doch das Kind war noch nicht zufrieden: „Nur wir zwei, das ist langweilig. Zaubere uns doch noch Spielgefährten, wenn du das kannst."

Die Zauberin verstand nicht so recht: „Spielgefährten, was ist das?" Und das kleine Mädchen erklärte es ihr, so gut es es eben konnte.

Kinder erklären, was Spielgefährten sind.

Wieder war die Zauberin so begeistert, dass sie sofort anfing zu zaubern: „Grauer starrer stiller Stein
sofort sollst du ein Mädchen/ein Junge sein!"

Einen Stein nach dem anderen berührte sie und ein Stein nach dem anderen fing an sich zu räkeln und zu strecken und als Menschenkind langsam aufzustehen.

Die Zauberin berührt alle Kinder nacheinander mit ihrem Zauberstab, sie rekeln und strecken sich daraufhin und werden langsam lebendig.

Die Jungen und Mädchen fassten sich an den Händen und bildeten einen Kreis um die Zauberin und das kleine Mädchen. Dabei waren sie ganz stumm. Das Mädchen erklärte der Hexe: „Du musst ihnen Stimmen geben!"

Die Zauberin wunderte sich: „Stimmen, was können Stimmen außer Sprechen tun?"

Und das kleine Mädchen erklärte es ihr, so gut es das eben konnte.

Die Kinder versuchen zu erklären, was Stimmen alles können.

Die Zauberin hatte schließlich ein Einsehen. „Gut, sie sollen Stimmen haben!", rief die Zauberin und berührte der Reihe nach jedes Kind im Kreis. Nun machten die Kinder nacheinander mit ihrer Stimme, was ihnen gerade einfiel.

Die Kinder probieren aus, was sie mit ihrer Stimme alles tun können.

Das Mädchen war aber immer noch nicht ganz zufrieden und sagte: „Und nun musst du ihnen Bewegungen zaubern! Dann können wir richtig spielen."

„Was sind Bewegungen?", wollte die Zauberin nun wieder wissen. Und das kleine Mädchen erklärte es ihr, so gut es das eben konnte.

Kinder erklären frei, was Bewegungen sind.

Die Zauberin war einverstanden. „Gut, sie sollen Bewegungen machen!“ rief die Zauberin und berührte der Reihe nach jedes Kind im Kreis.
Die Kinder ließen sich los und machten alle nacheinander Bewegungen, die ihnen gerade einfielen. Es war ein herrliches Durcheinander in dem dunklen Wald. Man hörte Stimmen, die man nie zuvor gehört hatte, und man sah Bewegungen, die man nie zuvor gesehen hatte. Begeistert rief die Zauberin: „Und nun wollen wir endlich miteinander spielen, was müssen wir da tun?“ Und alle Kinder machten Vorschläge, sie spielten und lachten zusammen, gerade so wie wir heute in unserem Kindergarten. Die Zauberin zauberte nach und nach den dunklen Wald weg, das Haus wurde bunt und hübsch und es wuchsen Blumen und es sangen Vögel. Und über allem schien die Sonne.

Sibylle Velter

Der Frosch auf Brautschau

Der von allen Froschfrauen begehrte Frosch Hugobald ist bei der Brautwahl so wählerisch, dass er seinen Tümpel verlässt, um auf Brautschau zu gehen.
Er begegnet dabei auch einer hässlichen Prinzessin, von der er sich erhofft, dass sie sich nach einem Kuss von ihm in eine hübsche Froschfrau verwandeln würde.

Requisiten sind nicht nötig, wer nicht darauf verzichten will, kann das Folgende bereitlegen:

- blaue Papierfläche, die den Tümpel darstellen soll
- grüne Theaterschminke für die Rolle der Frösche
- braune und weiße Theaterschminke für die Kühe
- Faschingskrone für die Rolle der Prinzessin

Die Erzieherin kann bei dieser Geschichte frei entscheiden, wie viele Kinder mitmachen können.
Feste Rollen: Hugobald, andere Frösche, Elsa, andere Kühe, Prinzessin.
Eine fröhliche Geschichte, die sowohl zum Thema Märchen passt als auch gut als kleine Spielgeschichte für zwischendurch geeignet ist.

- Die Kinder werden an die Märchenthematik herangeführt.
- Freude am Märchen stärken.

- Die Kinder versetzen sich in die Rolle des Frosches, der im „Froschkönig“ die Rolle einnimmt, die in dieser Geschichte die Prinzessin innehat. Die Kinder lernen, speziell dieses, aber auch andere Märchen in einer neuen Perspektive zu sehen.

Kennt ihr eigentlich das Märchen von einer hübschen Prinzessin, die einen hässlichen grünen Frosch küsst, der sich dann aber in einen wunderschönen Prinzen verwandelt?
Ein schönes Märchen, aber Märchen sind ja für gewöhnlich nicht wahr. Ich will euch heute mal die wahre Geschichte eines kleinen grünen Frosches erzählen, der auf der Suche nach einer Braut ist. Hugobald heißt der Frosch und er war, das könnt ihr mir glauben, der schönste Frosch aus dem ganzen Tümpel, in dem er lebte.

In einem „Tümpel" leben viele Frösche, dargestellt durch einige Kinder, einer spielt Hugobald, der tritt dann hervor.

Natürlich konnte er auch ganz besonders gut quaken.
Könnt ihr das auch?

Hugobald quakt.
Alle quaken.

Hugobald war bei allen Froschfrauen sehr beliebt. Sie hätten diesen tollen Frosch gerne zum Mann genommen.
Aber Hugobald war sehr wählerisch. Er konnte sich einfach nicht für eine Frau entscheiden.

Und so zog er los, um sich in der Ferne eine Braut zu suchen. Fröhlich hüpfend kam er zuerst an einer Kuhweide vorbei.

Hugobald hüpft los und trifft Kühe, ein Kind spielt Elsa.

Elsa, eine große braune Kuh, hatte ihn sofort entdeckt.
„Muhhhh, du bist aber ein schöner Frosch“, sagte Elsa. „Willst du vielleicht mein Mann werden, muhh muhhh muhh?“

Kinder können muhen und quaken.

Hugobald musste sich doch sehr wundern. „Du bist eine Kuh!“, rief er. „Viel zu groß für einen Frosch, und außerdem kannst du ja nur muhen und nicht quaken.“

Und so zog Hugobald weiter.
Kurz darauf kam er zu einem Schloss. Dazu gehörte ein Garten mit einem Brunnen. Voller Freude hüpfte Hugobald in das kühle Nass hinein und nahm erst einmal ein ausgiebiges Bad. Als er zum Sonnen an den Rand des Brunnens kroch, erschrak er.
Eine schrecklich hässliche Prinzessin stand vor ihm.

Kind das Hugobald spielt, spielt den Inhalt der Geschichte nach.

Ein Kind spielt die Prinzessin.

„Bist du aber ein schöner Frosch“, sprach die Prinzessin. „Willst Du mich heiraten?“
Der Frosch schüttelte sich kräftig. Diese schrecklich hässliche Prinzessin heiraten, nein, das wollte er auf gar keinen Fall.
Aber dann erinnerte er sich an ein Märchen, das seine Mutter ihm oft erzählt hatte. In dem Märchen küsst der Frosch die Prinzessin und diese Prinzessin verwandelt sich dann in eine wunderschöne Froschfrau.
Also nickte Hugobald und streckte der Prinzessin seinen Kussmund entgegen.
Die Prinzessin erwiderte den Kuss, und – na, was glaubt ihr – passierte?
Nichts, gar nichts. Die Prinzessin blieb eine Prinzessin.
Hugobald erschrak erneut, die Geschichte seiner Mutter war eben wirklich nur ein Märchen. Und so hüpfte er so schnell er konnte auf und davon.
Weil er nicht mehr wusste, wo er noch nach einer passenden Braut suchen sollte, hüpfte er zurück zu seinem Tümpel.
Voller Spannung hatten ihn dort schon alle anderen Frösche erwartet. Enttäuscht stellten sie fest, dass er alleine zurückgekehrt war.
Nur die Froschfrauen freuten sich,
dass Hugobald noch keine Braut für sich gefunden hatte.

Kinder spielen das Erzählte in ihren Rollen nach.

Alle Mädchen quaken um die Wette.

Und wisst ihr, was Hugobald da gemacht hat?
Er veranstaltete ein Quakkonzert der Frauen.

Hugobald erwählt eine Braut.

Die Frau, die am besten quaken konnte, sollte seine Braut werden. Und so geschah es dann auch, dass Hugobald endlich eine Frau fand. Und wenn sie nicht gestorben sind, dann quaken sie noch heute.

Swana Rensmann

Im Märchenwald

Diese Geschichte ist ein Märchenmix. Im Traum wird Petra von einer Fee in den Märchenwald geführt, in dem sie verschiedenen Märchenfiguren begegnet.

Kostüme und Requisiten sind nicht notwendig, erleichtern aber das Erkennen und Benennen der Märchen.

Es handelt sich hierbei um eine Erzählung mit einfachem Rollenspiel. Die Kinder haben sehr wenig Text zu sprechen, auch die „Hauptrollen“ sind nicht schwierig, da der Text sich annähernd wiederholt. Er lässt auch Spielraum zur beliebigen Erweiterung und freien Formulierungen, Änderung und zum Tauschen der Märchenfiguren mit Einbauen von „typischen“ Sätzen. Die Geschichte kann auch als Rätselspiel aufgefasst werden, bei dem die Zuschauer das Märchen erraten müssen. In diesem Fall antworten die Kinder, wie die Märchen weitergehen oder ausgehen und nicht Petra! Voraussetzung dafür ist, dass einige der Märchen schon bekannt sind bzw. dass der Text so abgewandelt wird, dass die bekannten Märchen vorkommen. Je nach Besetzung kann selbstverständlich aus Petra Peter werden! Die Fee kann auch von einer Erzieherin gespielt werden. Dargestellt wird parallel zur Erzählung.

Diese Geschichte soll die Kinder animieren, sich der Spannung der klassischen Märchen bewusst zu werden, sie sich wieder vorlesen oder erzählen zu lassen.

Das Spiel bietet viele Sprechanlässe, regt zum späteren Spiel ganzer Märchen an, zum Malen von Bildern oder auch zum Besuch eines Theaters, das ein klassisches Märchen aufführt.

Petra kroch nicht sehr glücklich in ihr Bett. Sie hatte nämlich überhaupt keine Lust, schlafen zu gehen. Im Fernsehen kam noch ein so toller Sciencefiction, mit Batman und vielen Bösewichtern und sie durfte ihn nicht anschauen! Das hatte der Vater und auch die Mutter gesagt. Petra ärgerte sich gewaltig.

Warum dürfen Erwachsene alles anschauen und Kinder nicht? Und dann hatte der Vater auch noch gesagt, dass sie sich besser Märchen anschauen solle! Märchen, so ein Quatsch! Aus dem Alter war sie ja wohl wirklich raus, mit ihren fast sechs Jahren. Als sie noch vier war, war das ja ganz in Ordnung gewesen, doch sie konnte sich heute schon gar nicht mehr so recht an diese Geschichten erinnern. Wie war das noch gewesen, mit den Zauberern, Prinzessinnen und Nixen? Petra dachte so angestrengt darüber nach, dass es nicht lange dauerte und sie eingeschlafen war.

Die „Märchenfee" schleicht sich langsam an Petra heran.

Plötzlich, mitten in der Nacht, weckte sie ein seltsames Geräusch. Petra schlug erschrocken die Augen auf und entdeckte neben ihrem Bett eine weiße Gestalt. Vor Schreck zog sie sich die Decke fest über ihr Gesicht. Was man nicht sieht, gibt es auch nicht, hoffte sie. Aber das stimmt natürlich nicht, oder?

Da hörte sie ein freundliches Lachen. „Du brauchst keine Angst zu haben, ich bin die Märchenfee!", sagte eine Stimme zu ihr. „Wer bist du? Die Märchenfee? Dich gibt es doch gar nicht!", rief Petra erstaunt, befreite sich von der Decke und starrte die Fee neugierig an.

„Und ob es mich gibt, du hast mich bloß vergessen", lachte die Fee, „ich bin gekommen, um dich mitzunehmen in den Märchenwald. Da ist so vieles, was du vergessen hast vor lauter fernsehen!"
„Fernsehen ist toll und Märchen sind doof", meinte Petra.
„Nun komm erst mal mit, vielleicht macht es dir ja doch Spaß, die Märchenfiguren wieder zu treffen."
„Ich kann mit den Märchenfiguren sprechen, das ist toll!", rief Petra und war mit einem Satz aus dem Bett.
„Nein, sprechen kannst du nicht mit ihnen, du kannst sie nur sehen", antwortete die Fee. „Märchenfiguren zu sehen ist ja fast so gut wie fernsehen", lachte Petra. „Ich komme mit!"

Und so machten die beiden sich auf den Weg. Es dauerte nicht lange und sie kamen in einen dunklen, geheimnisvollen Wald. Den Märchenwald!
Überall standen Figuren, einzeln, zu zweit oder in Gruppen. Sie standen ganz still und bewegten sich nicht.
Da trat die Fee zu einem Mädchen in einem langen, hübschen Kleid und mit einer Krone auf dem Kopf und berührte es mit ihrem Zauberstab. Da begann sich das Mädchen langsam zu bewegen und zu sprechen. Es sagte: „Wenn ich nur wüsste, wie ich wieder zu meiner goldenen Kugel käme, sie ist mir in den Brunnen gefallen!" Es setzte sich auf den Boden und fing jämmerlich an zu weinen.
Petra rief: „Ich weiß es wieder, der Frosch holt sie und wird zum Prinzen!"

An diesen Stellen der Geschichte ist es jeweils möglich, nicht Petra, sondern die Zuschauer raten zu lassen! Dann muss Petra oder die Fee die entsprechenden Fragen stellen.

Die Fee sagte: „Siehst du, du hast es nicht vergessen! Aber nun komm weiter!", und sie berührte das Mädchen wieder mit ihrem Zauberstab. „Aber wie heißt das Märchen, das weiß ich nicht mehr", wollte Petra wissen.

Auch hier können die Zuschauer jeweils raten!

Die beiden traten zu einer alten Frau, die ein Kissen in der Hand hielt. Die Fee berührte die Frau mit ihrem Zauberstab. Da fing sie

an, sich langsam zu bewegen und sprach: „Immer schütteln, schütteln, damit es auf der Erde tüchtig schneit. Hoffentlich bekomme ich bald Hilfe!"
Petra rief: „Ich weiß es wieder, die Goldmarie kommt und hilft ihr!"
Die Fee sagte: „Siehst du, du hast es nicht vergessen, aber nun komm weiter!", und sie berührte die Frau wieder mit ihrem Zauberstab. „Aber wie heißt das Märchen, das habe ich vergessen", wollte Petra wissen.

Die Kinder raten.

Nun traten die beiden zu einem Mann, der prächtig gekleidet war und einen spitzen Hut auf seinem Kopf trug. Die Fee berührte den Mann mit ihrem Zauberstab. Da fing er an sich zu bewegen und sprach: „Ein junger Bursche mit einem frechen Kater will mir zeigen, wer der Größte ist! Und auf die Rebhühner pfeife ich! Den drehe ich den Hals um und sonst gar nichts!"
Petra rief: „Ich weiß es wieder, der Kater überlegt sich eine List und besiegt den Zauberer!"
Die Fee sagte: „Siehst du, du hast das Märchen nicht vergessen! Aber nun komm weiter!", und sie berührte den Mann wieder mit ihrem Zauberstab. „Aber wie heißt das Märchen, das habe ich vergessen", wollte Petra wissen.

Die Kinder raten.

Dann traten die beiden zu einem Mädchen mit einem roten Käppchen mit einem Blumenstrauss in der Hand. Die Fee berührte das Mädchen mit ihrem Zauberstab. Da fing es an sich zu bewegen und sprach: „Warum soll ich nicht vom Weg abgehen, wie Mutter gesagt hat. Der freundliche Wolf hat gemeint, dort hinten wachsen noch viel schönere Blumen als hier!"
Petra rief: „Ich weiß es wieder! Das Mädchen wird gefressen und am Schluss wird sie gerettet!"
Die Fee sagte: „Siehst du, du hast das Märchen nicht vergessen! Aber nun komm weiter!", und sie berührte das Mädchen wieder

mit ihrem Zauberstab. „Aber wie heißt das Märchen, das habe ich vergessen", wollte Petra wissen.

Die Kinder raten.

Nun traten die beiden zu zwei Kindern, die sich fest an der Hand hielten. Die Fee berührte sie mit ihrem Zauberstab und sie fingen an sich zu bewegen. Der Junge sprach: „Fürchte dich nicht, Schwester, wir werden den Weg nach Hause sicher wieder finden!" Da antwortete das Mädchen: „Aber die Vögel haben die Brotkrumen alle weggepickt! Ich fürchte mich so, es wird schon Nacht!"
Petra rief: „Ich weiß es wieder! Die Kinder kommen zu einer Hexe und die wird am Ende bestraft und die Kinder finden wieder nach Hause!"
Die Fee sagte: „Siehst du, du hast das Märchen doch nicht vergessen. Aber nun komm weiter!", und sie berührte die Kinder wieder mit ihrem Zauberstab. „Aber wie heißt das Märchen, das habe ich vergessen", wollte Petra wissen.

Die Kinder raten.

Nun traten die beiden zu einer Gruppe von Kindern, die alle Zipfelmützen auf dem Kopf trugen und lustig gekleidet waren. Die Fee berührte sie mit ihrem Zauberstab und sie begannen sich zu bewegen. Das erste sprach: „Ach warum hat das liebe Mädchen die Türe aufgemacht!" Das zweite sprach: „Warum hat sie den Apfel gegessen!" Das dritte sprach: „Die böse Königin hat es doch geschafft!" Das vierte sprach: „Lasst uns einen gläsernen Sarg bauen, damit wir das Mädchen immer anschauen können."
Petra rief: „Ich weiß es wieder! Das Mädchen wird von einem Prinzen gerettet und dann seine Frau!"
Die Fee sagte: „Siehst du, du hast das Märchen nicht vergessen. Aber nun komm weiter!", und sie berührte die Kinder wieder mit ihrem Zauberstab. „Aber wie heißt das Märchen, das habe ich vergessen", wollte Petra wissen.

Die Kinder raten.

Nun traten die beiden vor einen prächtig gekleideten Jungen, der eine Krone auf dem Kopf trug. Die Fee berührte ihn mit ihrem Zauberstab. Da begann er sich zu bewegen und sprach: „Diese Dornenhecke muss ja hundert Jahre Zeit gehabt haben zu wachsen! Was sich dahinter wohl verbirgt? Ob ich diese gewaltige Hecke alleine durchhauen kann?“ Dabei schwang er sein Schwert.
Petra rief: „Ich weiß es wieder! Der Prinz rettet eine Prinzessin und heiratet sie!“
Die Fee sagte: „Siehst du, du hast das Märchen nicht vergessen! Aber nun komm weiter!“, und sie berührte den Jungen wieder mit ihrem Zauberstab. „Aber wie heißt das Märchen, das habe ich vergessen“, wollte Petra wissen.

Die Kinder raten.

Die Geschichte kann nun beliebig fortgesetzt werden, indem andere Märchengestalten mit jeweils einem „typischen Satz" eingebaut werden!

Nun waren sie fast am Ende des Märchenwaldes angekommen und am Himmel zeigte sich das erste Morgengrau. „Es wird Zeit, dass ich dich wieder nach Hause bringe“, sagte die Fee.
„Aber ich will, dass die Märchenfiguren wieder lebendig werden sollen“, rief Petra.
Doch da waren sie schon wieder an Petras Bett angekommen. Die Fee berührte Petra mit ihrem Zauberstab und schon war sie eingeschlafen. Zum Abschied beugte sich die Fee über Petras Bett und sprach: „Vielleicht hast du ja selbst eine Idee, wie die Märchen lebendig gehalten werden können? Ob das nur das Fernsehen schafft?“
Damit verschwand die Märchenfee wieder.

Sibylle Velter

Kinder machen Vorschläge, wie die Märchen nicht in Vergessenheit geraten könnten.

Wettstreit der Riesen

Das Märchen erzählt von zwei Riesen, die sich nie einigen können, wer Recht hat. Eine Situation, die Kindern wohl bekannt ist. In einem Wettstreit wollen die Beiden endgültig klären, wer nun wirklich Recht hat.

Diese Geschichte ist ohne Vorbereitung zu erzählen. Die Riesen können während des Spieles auf Stühlen stehen.

Zwei Kinder übernehmen die Rolle der Zauberer und spielen die Erzählung pantomimisch nach. Die Kinder spielen frei nach den Impulsen, die von den Zauberern oder aus der Gruppe kommen.

Förderung der Ausdrucksmöglichkeit durch Sprechanlässe, Einbringen eigener Ideen in die gesamte Gruppe, Nachdenken über Streitanlässe!

Es waren einmal zwei mächtige Riesenzauberer. Und obwohl sie Brüder waren, konnten sie sich nie einigen. Der eine hieß Hü und der andere Hott. Sagte der eine „Schwarz“, sagte der andere „Weiß“. Sagte der eine „Klein“, sagte der andere „Groß“ und war dem einen kalt, so war dem anderen mit Sicherheit warm. Es war eben genauso, wie man immer sagt: „Hü und hott“.
Einmal kamen die beiden mächtigen Riesenzauberer so richtig in Streit. Sie wollten ein für alle mal klären, wer von ihnen beiden nun

Recht habe. Und nachdem sie ja Riesenzauberer waren, beschlossen sie, einen Riesenzaubererwettstreit zu machen. Gleich stark waren sie ja, darüber gab es keinen Zweifel, aber wer von beiden konnte nun besser zaubern? Wer gewinnen würde, sollte Recht bekommen. So sollte es entschieden werden.

Erst zauberte Hü:

Die eine Hälfte der Gruppe sammelt sich um Hü.

„Mondenlicht und Krötenbein,
Kinder sollen bei mir sein!"
Und schon stand eine Gruppe Kinder bei ihm.

Dann zauberte Hott:

Die andere Hälfte der Gruppe sammelt sich um Hott.

„Sonnenlicht und Hühnerklein,
Kinder sollen bei mir sein!"
Und schon stand eine Gruppe Kinder bei ihm.

Doch welche Gruppe war besser?

Die Kinder beraten.

Schaut euch um, kannst du das entscheiden?

Nein! Du hast Recht. Beide Riesenzaubererbrüder hatten Recht! Diesmal waren sie wirklich einmal einer Meinung: Kinder kann man nicht vergleichen.

Also musste es weitergehen.

Diesmal zauberte Hott zuerst:

Die Kinder kauern sich hin.

„Sonnenlicht und Hühnerklein,
ihr sollt alle Steine sein."
Und schon wurden alle Kinder auf seiner Seite zu Steinen.

Nun kam Hü an die Reihe:

Die Kinder spielen Vögel.

„Mondenlicht und Krötenbein,
ihr sollt alle Vögel sein!"
Und schon wurden alle Kinder auf seiner Seite zu Vögeln.

Doch welche Gruppe war besser?
Schaut euch um, kannst du das entscheiden?

Die Kinder beraten.

Nein! Du hast Recht. Beide Riesenzaubererbrüder hatten Recht. Diesmal waren sie wirklich einmal einer Meinung! Steine und Vögel kann man nicht vergleichen.
Also musste es weitergehen.
Sie zauberten Eier und Christbäume,
Rasenmäher und Regenschirme,
Sonnenblumen und Schmetterlinge,
und und und ...

Die Kinder machen spontan selber weiter. Jemand aus der Gruppe spricht einen Zauberspruch, die anderen Kinder stellen das Gewünschte dar.

Was die zwei Riesenzaubererbrüder so alles aus den Kindern zauberten, kannst du dir ja vorstellen. Tausende Dinge, und nie ließ es sich richtig vergleichen. Und das fanden sie auch gar nicht mehr so wichtig.
Zu einem Ergebnis kamen sie an diesem Tag nicht und auch am nächsten nicht. So zaubern sie immer weiter bis heute. Dazwischen schlafen sie und ruhen sich aus.
Doch Streit darüber, wer nun recht hat, Hü oder Hott, hat man seitdem nicht mehr gehört. Dazu sind die Brüder am Abend viel zu müde und dazu macht das Riesenbrüderzauberspiel viel zu viel Spaß. Und sie waren sich gar nicht mehr so sicher, dass wirklich der Recht hat, der etwas besser kann. Was denkst du?

Sibylle Velter

Die Blume aus dem Garten des Zauberers

Die Geschichte erzählt davon, wie die Sonnenblume überall auf der Welt Verbreitung gefunden hat.

Sonnenblumenkerne, möglichst eine oder mehrere echte Sonnenblumen.

Die Geschichte kann durch pantomimische Gesten begleitet werden. Die Kinder setzen sich im Kreis zusammen. In ihrer Mitte sollte eine möglichst große, prächtige Sonnenblume stehen.
Im Anschluss an das Spiel bietet es sich an, Sonnenblumenkerne oder kleine Pflänzchen zu verschenken oder auch gemeinsam Sonnenblumen zu pflanzen.

- Freude an der Darstellung
- Aufmerksam werden und bewusstes Wahrnehmen von Naturschönheit und Pflanzenwachstum
- Wertschätzung von Pflanzen

Einst lebte weit von hier und noch 1000 mal 1000 km weiter von hier ein mächtiger Zauberer. Es war vor vielen Jahren und noch 1000 mal 1000 mehr Jahren.
Es war die Zeit des großen und mächtigen Zauberers. Alles war groß und mächtig in dieser Zeit. Die Bäume, die Blumen, die Flüs-

se, die Seen und die Berge. Aber am größten und mächtigsten war der Zauberer selbst.

Mit den Armen weit ausholend die Größe der genannten Dinge darstellen.

Jeden Morgen, wenn er aufstand, freute er sich erst einmal über seine eigene Macht: „Oh, wie bin ich groß und mächtig", dachte er für sich und war sehr stolz darauf. Er stand auf, trat ans Fenster seines großen und mächtigen Palastes und betrachtete die großen und mächtigen Bäume, die rings um sein Zauberschloss wuchsen.

Kinder strecken sich und machen sich so groß wie möglich.

Es war ein riesiger Garten, in dem nicht nur Bäume standen, sondern auch Sträucher so groß wie Elefanten und Blumen so groß wie Pferde. Es war ein wundersamer, zauberhafter Riesengarten. Diese bunte Pracht war an drei Seiten eingeschlossen von hohen, mächtigen Bergen und auf einer Seite begrenzt von einem breiten, mächtigen Strom.
Der Zauberer lebte aber nicht alleine in seinem riesigen Schloss. Er hatte eine Tochter, die er über alles liebte, eine gewaltige Armee, die ihm sein mächtiges Reich bewachte und er hatte eine große Dienerschar, die ihm von morgens bis abends bestätigte, dass er der größte und mächtigste Herr seines Landes war.

Kinder verneigen und verbeugen sich als Soldaten und Diener.

Ein Tag verging wie der andere mit dem Blick aus dem Fenster in den Garten, einem gewaltigen Frühstück, Spaziergängen und Zauberübungen mit seiner Tochter, exerzieren mit seinen Soldaten und gewaltigen Mahlzeiten.
Die Tage der Zauberertochter verliefen ähnlich und waren auch nicht besonders abwechslungsreich. Da nützten auch die vielen Zauberkünste nicht viel. Selbst Zaubern wird mit der Zeit langweilig, wenn man nicht jemandem vorzaubern kann.

Doch eines Tages wurde alles anders. Es war der Tag, an dem ein kleiner Junge auf der Suche nach einem Abenteuer es schaffte, mit

einem winzigen Boot über den breiten, mächtigen Strom zu rudern und am Ufer des Zaubergartens anlegte.

Ruderbewegungen machen.

Aber zunächst wusste das noch niemand, denn so groß und mächtig der Zauberer auch war, einen kleinen Jungen konnte er zwischen seinen gewaltigen Bäumen und Blumen nicht ohne weiteres vom Fenster aus sehen.
Aber der kleine Junge war da. Neugierig streifte er durch die Gräser, lief um die Stämme der Bäume und versuchte, an den hohen Blumen zu riechen. Er staunte über die Größe der Dinge. Es war unglaublich aufregend für ihn, so einen gewaltigen Garten hatte er noch nie gesehen.

Kopf ganz in den Nacken legen und um sich blicken.

Am meisten begeisterten ihn die hohen Blumen, ganz besonders die mit den gelben Strahlenblüten, die ihr Gesicht der Sonne entgegenstreckten. Ihr Blütengesicht war so groß, wie sein eigener Kopf. Er fand alles zauberhaft, was es ja schließlich auch war. Fröhlich sprang er umher und freute sich über das herrliche Abenteuer.

Kinder beschnuppern nacheinander die Sonnenblumen.

Gerade um diese Zeit machten der Zauberer und seine Tochter ihren täglichen Spaziergang durch den Garten. Schnell sprang der kleine Junge hinter den Stamm eines Baumes, aber die beiden hatten ihn schon entdeckt.
Der Zauberer warf die Hände in die Höhe, schnappte nach Luft vor Entrüstung, klatschte in die Hände und rief nach seiner Armee.

Wütende Gestik und Mimik wie im Text beschrieben.

Seine Tochter fand das gar nicht lustig, sie wollte den kleinen Jungen lieber als Spielgefährten haben! Einen Spielkameraden konnte sie sich nämlich nicht zaubern. Das konnte nicht einmal der große und mächtige Zauberer!
Noch bevor die Armee eintreffen konnte, lief die Zauberertochter zu dem kleinen Jungen, nahm ihn an der Hand und zog ihn hinter

Kinder fassen sich an den Händen.

dem Baum hervor. Der kleine Junge war vor Angst noch kleiner geworden, als er so vor dem großen und mächtigen Zauberer stand. Die zornige Stimme des Zauberers dröhnte gewaltig wie ein Gewitter über ihn weg und prallte als Echo vielfach von den hohen Bergen zurück.

Mit dünner Stimme erzählte der kleine Junge, wie er in den Garten des Zauberers gelangt war. Da trat die Tochter vor ihren Vater und bat ihn, den kleinen Jungen nicht gefangen zu nehmen, sondern ihn ihr als Spielgefährten zu schenken. Da der Zauberer seiner Tochter kaum einen Wunsch abschlagen konnte, überlegte er lange hin und her und her und hin. Schließlich willigte er ein. Der kleine Junge hüpfte vor Freude, Spielkamerad zu sein fand er auch wesentlich lustiger, als in einem Gefängnis zu sitzen.

Kinder hüpfen freudig.

Es begann ein fröhliches Leben. Die Zauberertochter und der kleine Junge spielten von morgens bis abends im Garten. Sie spielten mit Bällen oder Seifenblasen oder spielten Verstecken oder das Mädchen zauberte die lustigsten Dinge herbei. Einmal waren es lauter Affen, ein andermal waren es sogar Kochlöffel, die albern tanzten.

Bewegungen und Geräusche von Affen nachmachen.

Albern tänzeln, wie die Kochlöffel.

Doch am liebsten lag der kleine Junge inmitten der hohen, gelben Blumen, und sah hinauf in den blauen Himmel. Da kamen ihm die wunderschönsten Gedanken und er träumte sonnengelbe und himmelblaue Träume. Davon wurde ihm das Herz leicht, aber manchmal auch schwer. Das war immer dann, wenn er Sehnsucht nach neuen Abenteuern bekam.

Immer öfter wurde ihm beim Träumen das Herz schwer und er wurde immer trauriger und sein Lachen immer seltener. Die Welt hinter den gewaltigen Bergen und über dem breiten Strom war noch so unendlich groß und noch voller unendlich vieler Abenteuer, die auf ihn warteten.

Kinder legen sich auf den Boden, schließen die Augen und träumen.

Die Zauberertochter spürte die große Traurigkeit des kleinen Jungen. Sie wurde selbst immer niedergeschlagener. Es war überhaupt nicht mehr lustig und alles Zaubern half nicht. Sie konnte es nicht mehr länger mit ansehen. Sie sprach mit ihrem Vater, aber selbst der große und mächtige Zauberer konnte dem kleinen Jungen seine Fröhlichkeit nicht zurückzaubern. So schenkte er dem kleinen Jungen die Freiheit zurück. Die Freiheit der Sonne und des blauen Himmels und der großen Welt der Abenteuer.

Kinder stehen auf, drehen sich mit erhobenen Armen langsam um sich selbst.

Wie freute sich der kleine Junge! Seine Freude war so groß und mächtig, dass sich da der große und mächtige Zauberer dagegen ganz klein und unbedeutend vorkam. Die Freude des kleinen Jungen sprang über in sein Herz und öffnete seine Augen. Er sah nicht mehr seine Macht, sondern die Herrlichkeit um sich herum.

Zum Abschied durfte der kleine Junge sich von dem Zauberer noch etwas wünschen. Der kleine Junge überlegte nicht lange. Er wünschte sich die Kerne aus einer der hohen, gelben Blume – nicht mehr und nicht weniger.

Jedes Kind bekommt einen Sonnenblumenkern in die Handfläche gelegt.

Nicht lange darauf saß der kleine Junge wieder in seinem Segelboot. Die Dienerschaft verbeugte sich vor ihm. Der große und mächtige Zauberer und seine Tochter standen am Ufer und winkten dem kleinen Jungen hinterher, bis sein Segelboot auf dem breiten Strom nur noch ein kleiner Punkt war und am Horizont verschwand.

Verbeugen und winken.

Aber die Beiden waren nicht traurig, die Fröhlichkeit und die Freude des kleinen Jungen waren bei ihnen geblieben. Welche großen Abenteuer der kleine Junge noch weiter erlebte, weiß niemand. Aber überall dort, wo er in seinem Leben an Land ging, findest du heute Kinder der hohen, gelben Blumen, die ihre Gesichter der Sonne entgegenstrecken. Die Blumen aus dem Garten des großen und mächtigen und glücklichen Zauberers. Du kennst sie auch, diese Blume! Wir nennen sie – Sonnenblume.

Sibylle Velter

Die Prinzessin entdeckt die Welt

Eine einsame und behütete Prinzessin macht sich auf, die Welt zu erkunden. Sie erlebt ihre Umgebung mit allen Sinnen und genießt. Doch sie begegnet auch der Gefahr, mit der sie in ihrer Unerfahrenheit nicht umgehen kann.

–

Diese Geschichte eignet sich sowohl zum Vorlesen als auch zum Mitspielen. Es können jeweils passende Geräusche oder Bewegungen zum Text gemacht werden oder auch die Erlebnisse der Prinzessin von vielen Kindern gespielt werden. Die Geschichte kann nach Fantasie und Bedürfnis der Gruppe mehr oder weniger intensiv ausgespielt werden.
Im Anschluss an das Spiel könnte ein Bild von weiteren Abenteuern der Prinzessin gemalt oder ein Ausflug unternommen werden, an den eine bestimmte Beobachtungsaufgabe geknüpft ist.

- Die eigenen Sinne wertschätzen
- Alle Sinne bewusst aktivieren
- Den Wert von Freundschaft bewusst machen

Wütend warf die Prinzessin die Türe ihres Kinderzimmers zu. Sie hatte es satt, satt, satt. Auf dem Fußboden verstreut lagen all ihre Bücher, die ihr die Welt zeigten. Vögel, große Tiere, kleine Tiere, fremdartige Menschen, Blumen, Bäume, Berge, Seen, Flüsse und Bäche. Ärgerlich trat sie nach den Büchern.

Mit den Füßen kräftig auf dem Boden aufstampfen.

Nein, sie wollte nicht mehr nur Bilder von der Welt sehen, sondern endlich wie es in Wirklichkeit ist. Warum durfte sie den Schlossgarten nicht verlassen? War es denn wirklich so gefährlich da draußen, wie ihre Eltern immer sagten? Wovor musste man sich denn fürchten? Andere Menschen liefen ja auch tagtäglich da draußen herum! Die Prinzessin beschloss, heimlich auf Entdeckungsreise zu gehen und sie begann einen Plan zu machen. Während ihr Vater seinen Mittagsschlaf machte und ihre Mutter ihre Blumen im Treibhaus besuchte, kletterte die Prinzessin über den Zaun und rannte so schnell sie konnte in den nahen Wald. Sie staunte über die hohen Bäume, das dichte Grün und den gewaltigen Gesang der Vögel. Viel mächtiger klang es, viel lieblicher, viel fröhlicher als zu Hause im Schlossgarten. Die Prinzessin stand ganz still und lauschte. Das hatte sie noch nie erlebt! Es war wunderschön.

Hände an die Ohren legen, Augen schließen und lauschen.

Dann wanderte die Prinzessin weiter, bis sie an ein kleines Bächlein kam. Silbern plätscherte das Wasser über die Kiesel und streichelte das dicht bewachsene Ufer. Schnell zog die Prinzessin die Schuhe und Strümpfe aus und watete vorsichtig hinein. War das lustig! Das Bächlein staute sich an ihren Beinen, kitzelte sie in den Kniekehlen und plitscherte und platscherte. Sie spritze und stampfte, sie hüpfte und warf mit kleinen Steinchen, dass das Wasser ringsumher spritzte. Das hatte sie noch nie erlebt! Es war wunderschön.

Mit den Füßen Wasserwaten nachmachen.

Da entdeckte sie am Ufer einen grasgrünen Frosch. Der schaute sie mit großen Augen an. So etwas hatte er noch nie gesehen! Eine Prinzessin im Bächlein spielen. Das Mädchen lachte ihm zu und bat ihn, für sie zu springen. Und das tat der grasgrüne Frosch gerne. Er sprang so schön und weit er konnte am Ufer entlang und die Prinzessin kletterte aus dem Bächlein und hüpfte mit. Hopp, hopp … Das hatte sie noch nie erlebt. Es war wunderschön.

Auf der Stelle hüpfen.

Doch die Prinzessin wollte weiter. Es gab noch so viel zu sehen! Sie verabschiedete sich von dem Frosch, zog Schuhe und Strümpfe wieder an und wanderte weiter. Auf einer Wiese hielt sie an. Blumen, wohin sie schaute. Viel schöner als im Schlossgarten, wo alles ordentlich in Reih und Glied stand. Es war ein buntes Durcheinander. Glockenblumen wiegten sanft im Wind, Käfer brummten, Bienen summten, Schmetterlinge schaukelten und Ameisen marschierten auf dem Wiesenboden einem fernen Ziel zu. Die Prinzessin legte sich mitten hinein in die bunte Welt der Wiese, schaute in den blauen Himmel und lauschte den vielfältigen Tönen der Wiese. Das hatte sie noch nie erlebt. Es war wunderschön.

Pantomimisch Schlaf darstellen.

Schnell sprang die Prinzessin wieder auf. Hatte sie ein wenig geschlafen? Am Himmel waren dicke Wolken aufgezogen. Das verhieß nichts Gutes. Die Prinzessin rannte weiter, bis sie an eine kleine Hütte kam. Gerade noch rechtzeitig! Die ersten Tropfen fielen schwer auf die Erde. Der leichte Wind wurde kräftiger und kräftiger, die Bäume bogen sich und rauschten nun mit dem Wind um die Wette. Der Regen nahm zu, ein Trommeln auf Gräser, Büsche und das Dach der Hütte. Sie kauerte sich hin und sah begeistert nach draußen. Ein heller Blitz durchschnitt den Himmel und ein lautes Krachen des Donners folgte. Es war ganz anders als von ihrem Zimmerfenster aus. Es war einfach herrlich! Die Prinzessin fürchtete sich nicht. Das Gewitter tobte um sie herum, ein Blitz folgte dem anderen und ein Donner krachte lauter als der andere. Das hatte sie noch nie erlebt. Es war wunderschön.

Füße stampfen laut auf den Boden, um den Donner darzustellen.

Es dauerte nicht lange und das Unwetter war vorbei, so schnell wie es aufgezogen war. Die nasse Erde dampfte und das erst zögerliche Zwitschern der Vögel wurde wieder lauter. Also wanderte die Prinzessin weiter. Nach einer Weile näherte sie sich einem Dorf. Sie hörte Hühner gackern, Hähne krähen, Schweine grunzen, Pferde wiehern und Kühe muhen. Es klang wie ein Bauernhoforchester. Sie hörte eine Zeitlang entzückt zu. Das hatte sie noch nie erlebt. Es war wunderbar.

Geräusche der Tiere nachahmen.

In die Ställe getraute sich die Prinzessin nicht. Aber ein Pferd stand auf der Weide. Mit einem Sprung war sie auf dem Pferderücken und schon rannte das Pferd los. Aber nicht vor Vergnügen, es hatte einen gewaltigen Schreck bekommen! Immer im Kreis jagte das Pferd, und man hörte das Donnern der Hufe und zwischendrin das erschrockene Weinen des Mädchens. Es gab also doch auch gefährliche Sachen da draußen! Alles konnte man eben doch nicht aus Büchern lernen.

Das Galoppieren des Pferdes nachmachen.

Da rannte aus dem Bauernhof ein kleines Mädchen auf das rasende Pferd zu. Mit einem einzigen BRRR hielt sie das Tier an. Es war wie ein Wunder, dass das Pferd stehen blieb und die Prinzessin nicht herunterpurzelte. Das Mädchen vom Hof staunte nicht schlecht, als sie erkannte, wer da plötzlich vor ihr stand. Die Prinzessin aus dem Schloss, die sie schon manchmal durch die Zaunstäbe des Gartens beobachtet hatte. Und auch die Prinzessin erkannte das Mädchen. Sie lachten sich an und mochten sich sofort leiden.
Die Prinzessin erzählte alles von sich und das andere Mädchen hörte gespannt zu. Jede der beiden hatte die andere immer beneidet. Warum eigentlich? Keine konnte es der anderen sagen.
Nun wurde es aber Zeit, dass die Prinzessin nach Hause zurückkehrte, sonst würde es von den Eltern ein Donnerwetter geben. Das Mädchen vom Hof bot der anderen an, sie zu begleiten. Dankbar nahm die Prinzessin es an und beide machten sich auf den Weg.

Als sie beim Schloss ankamen, waren sie schon richtige Freundinnen geworden. Ganz echte, und nicht nur wie im Buch. Das hatte sie noch nie erlebt. Es war das wunderschönste von allem!

Sibylle Velter

Grükolos

Der „Riese" Grükolos hat Läuse und versucht mit allen möglichen Tricks sie loszuwerden.

–

Diese Mitmachgeschichte eignet sich für eine Kindergruppe von 10 bis 25 Kindern.
Die Kinder im Alter von 4–6 Jahren können schon genau verstehen, dass es sich hier um eine übertriebene Quatschgeschichte handelt.
Quatschgeschichten werden allzeit gerne von Kindern gehört und nachgespielt, denn der einfache überzogene Witz ist für sie leicht zu verstehen.
Die Erzieherin kann die Geschichte abschnittweise vorlesen und die Kinder dazu auffordern, eigene Bewegungsvorschläge einzubringen.
Durch mehrfache Wiederholungen des Leitsatzes (Sie juckten, kratzten, zwickten und bissen ihn ...) können sich die Kinder den Inhalt der Geschichte gut merken und ihn beim erneuten Hören mitsprechen.

- die Fantasie der Kinder durch Quatschgeschichten anregen
- Spaß an Bewegung, Übertreibung und Unsinn

Grükolos

Mit Daumen und Zeigefinger zeigen. Beide Arme ausbreiten.

Der Riese Grükolos
war klein wie eine Ameise.
Er hatte jedoch Läuse, die waren so groß wie Dackel.

Pantomime

Sie juckten, kratzten, zwickten und bissen ihn.

Grükolos stellte viel an, um sie loszuwerden.

Den Kopf schütteln.

Er schüttelte seine wilden Haare so heftig, dass ein Wind aufkam, der ganze Bäume umstürzen ließ.

Leider half das gar nichts.

Bewegung s. o.

Die Läuse ärgerten ihn weiter. Wieder und wieder juckten, kratzten, zwickten und bissen sie ihn.

Mit den Fingern durchs eigene Haar streichen

Der Riese wusste keinen Ausweg. Schließlich griff er zu einer Gartenharke und wollte sich die Tiere aus dem Haar kämmen.

Alle lachen.

Doch das kitzelte die Läuse so, dass sie laut lachen mussten.

Bewegung s. o.

Sie juckten, kratzten, zwickten und bissen ihn weiter.

Schwimmbewegungen

Grükolos sprang in einen großen Teich. Er schwamm fünf Tage und fünf Nächte, um die Läuse endlich loszuwerden. Schließlich kroch

Schnarchgeräusche

er an Land und schlief völlig erschöpft ein.

Bewegung s. o.

Zuvor aber juckte, kratzte, zwickte und biss es auf seinem Kopf weiter.

Als er dann nach 72 Stunden wach wurde, kribbelte es ganz furcht-

Bewegungen nachspielen

bar in seiner Nase. Grükolos streckte sich, gähnte und musste plötzlich furchtbar niesen.

Bei jedem weiteren Niesen sprangen immer mehr Läuse aus seiner wilden Haarmähne heraus, bis endlich, endlich alle Läuse verschwunden waren.
Und sollten die Läuse noch einmal wiederkommen, wüsste Grükolos nun endlich, was zu tun sei.

auf Antwort der Kinder warten

Er müsste einfach … NIESEN!

Swana Rensmann
in Gemeinschaftsarbeit mit der Berufspraktikantin Silja Krahnepuhl im letzten Jahr ihrer Ausbildung zur Erzieherin.

Hochzeit auf dem Bauernhof

Zwei Schweinchen halten Hochzeit auf dem Bauernhof. Zum Fest sind alle Tiere des Hofes gekommen und haben Geschenke mitgebracht.

Kostüme sind nicht notwendig, aber durch Andeutung, z.B. mit Masken, möglich.
Die „Geschenke" sind allereinfachste Dinge: Tuch, Gras, Papier, Pinsel, Stift o.Ä.

Im Vordergrund dieser Geschichte stehen die typischen „Sprachen" der Tiere und die Geschenke, mit denen alle Mitspieler in Kontakt kommen. Gespielt wird beim Vorlesen. Es können entweder die Rollen der einzelnen Tiere im Vorfeld verteilt werden oder es kann bei der Nennung des jeweiligen Tieres auf ein Kind gezeigt werden, das dann spontan die Laute dieses Tieres imitiert. Wichtig dabei ist, dass beim Vorlesen genügend lange Pausen gemacht werden.

Spaß am Imitieren von Tierstimmen, Berührungsängste abbauen. Die Spieler können sich „Gutes" tun. Danach kann auch verbalisiert werden, wie die Kinder sich bei der jeweiligen Berührung gefühlt haben. Ein Besuch auf einem Bauernhof würde die Geschichte abrunden.

Heute herrscht ein großes Durcheinander auf dem Bauernhof. Das Schweinchen soll Hochzeit halten. Es leuchtet noch rosafarbener als sonst, quiekt vor Aufregung in seinem Stall und wartet voller Spannung auf den Bräutigam.
Doch es wartet nicht alleine, nein, alle Tiere des Hofes warten mit der Schweinedame. Sie haben sich der Reihe nach vor dem Stall aufgebaut, sozusagen als Hochzeitsgäste.
Das Pferd, die Kuh, der Esel, die Ziege, der Hund, die Katze, das Schaf, der Hahn, das Huhn, die Ente und die Flöhe. Doch die sieht und hört man ja nicht!

Alle Tiere reagieren bei Nennung ihres Namens mit ihrer typischen „Sprache".

Und jeder hat etwas mitgebracht.
Alle verneigen sich vor dem aufgeregten stolzen Schweinchen und begrüßen es mit Ehrfurcht. Schließlich findet nicht jeden Tag auf diesem Hof eine Hochzeit statt.

Alle verneigen sich mit ihrer typischen „Sprache".

Nun trippelt das Schweinchen mit zierlichen Schritten, wie es einer Braut gebührt, hinaus auf die Wiese. Dort soll nämlich das Fest stattfinden! Nicht im Schweinestall. Wer will schon im Schweinestall heiraten? Du vielleicht? Nein, also.
Hinterher tappen ernsten Schrittes das Pferd, die Kuh, die Ziege, der Esel, der Hund, die Katze, der Hase, der Hahn, das Huhn, die Ente und die Flöhe, doch die sieht und hört man ja nicht.

Alle Tiere folgen dem Schweinchen und machen eines nach dem anderen ihre typischen „Geräusche", bis sie alle miteinander agieren.

Das ist vielleicht ein Spektakel, wie da alle Tiere nacheinander zur Wiese wandern, fast so schön laut und musikalisch wie ein Hochzeitsorchester. Aber das soll es ja auch sein, nicht?
Beim Anblick des stolzen Bräutigams, der aufrecht unter dem Baum auf seine Braut wartet, verstummen die Tiere. Eines nach dem anderen.
Mit tiefem Grunzen begrüßt er seine Gäste. Zuallererst natürlich seine Braut. Sie antwortet mit einem zarten Quieken.

Alle antworten.

Dann begrüßt er alle anderen.
Das Pferd, die Kuh, der Esel, die Ziege, der Hund, die Katze, der Hase, der Hahn, das Huhn, die Ente. Die Flöhe nicht, die sieht und hört man ja nicht.

Das Fest kann beginnen. Halt, erst überreichen alle Gäste natürlich ihr Geschenk!
Bei einer Schweinehochzeit ist es üblich, dass alle Gäste jedem das Geschenk persönlich vorführen und zeigen, was man damit machen kann. Zuallererst natürlich dem Brautpaar!

Jedes Tier antwortet erfreut in seiner „Sprache".

Das Pferd tritt vor. Es hat von seinem weichen Schweif einige Haare geopfert *(Tuch)* und damit streicht es jedem Gast liebevoll über den Rücken. Jedes der Tiere antwortet erfreut.

Jedes Tier lacht in seiner „Sprache".

Die Kuh tritt vor. Sie hat ein wenig Stroh *(Gras)* aus ihrem Stall mitgebracht, und kitzelt damit alle Tiere hinter den Ohren. Jedes der Tiere lacht begeistert.

Jedes Tier dreht sich um sich selbst und antwortet in seiner „Sprache".

Der Esel tritt vor. Sein Geschenk macht frischen Wind! Er wackelt so sehr mit seinen Ohren *(Papier)*, dass man glauben könnte, echter Wind striche um die Nasen. Jedes Tier dreht sich fröhlich einmal um sich selbst.

Jedes Tier niest in seiner „Sprache".

Die Ziege tritt vor. Sie hat auch ein paar Haare geopfert, doch nicht von ihrem Schwanz, der ist schon so recht mickrig, sondern von ihrem Bart! *(Pinsel)* Damit streichelt sie jedem Tier liebevoll über die Nase. Alle müssen lustig niesen.

Jedes Tier reibt sich den Bauch und antwortet in seiner „Sprache".

Der Hund tritt vor. Er hat einen von seinen Knochen *(Stift o. Ä.)* mitgebracht und das bedeutet schon einiges! Jeder darf einmal daran riechen. Alle bekommen Appetit und reiben sich den Bauch.

Die Katze tritt vor. Sie hat doch tatsächlich eine lebendige Maus *(Stoffmaus)* dabei! Doch bevor sie noch irgend etwas damit anstellen kann, hüpft das Mäuschen davon und saust unter den Beinen aller Tiere hindurch. Die Katze verfolgt sie und alle Tiere springen in die Höhe vor Schreck.

Alle Tiere schreien durcheinander und springen hoch.

Das Brautpaar findet es sehr lustig, doch der Hund schafft bald wieder Ruhe.

Der „Hund" bellt.

Nun ist das Schaf an der Reihe. Sein Geschenk sollte so sein wie sein lustiges Schwänzchen, doch das konnte es nun wirklich nicht hergeben. So hat es aus Gras und Heu einen runden, etwas stacheligen Ball *(Igelball)* gebastelt, der fast so hübsch ist wie sein Schwänzchen. Damit kullert es jedem Tier einmal über den Rücken. Das fühlt sich ganz seltsam an und die Tiere schütteln sich wohlig.

Alle Tiere rekeln sich vergnügt in ihrer „Sprache".

Endlich darf der Hahn vortreten. Er hat eine seiner schönsten Schwanzfedern *(Feder)* geopfert. Damit streicht er jedem Tier über die Wangen. Das fühlt sich so hübsch an, dass alle vergnügt kichern.

Alle Tiere kichern in ihrer „Sprache".

Das Huhn tritt vor. Es hat, ja was hat es denn? Es fängt ganz fürchterlich an zu gackern und dann zaubert es … doch tatsächlich ein Ei hervor! Alle Tiere bestaunen es, bevor das Huhn das Ei mit einem Kratzfuß dem Brautpaar zu Füßen legt.

Alle Tiere staunen in ihrer „Sprache".

Die Ente watschelt vor. Das darf doch nicht wahr sein! Sie hat doch tatsächlich Wasser aus ihrem Teich mitgebracht! Will sie damit etwa sagen, dass das Schweinepaar schweinisch dreckig ist? Nein, sicher nicht! Es taucht das Füßchen ins Wasser und spritzt jedem Tier zur Erfrischung ein paar Tropfen ins Gesicht.

„Ente" taucht einen Finger in die Wasserschale und spritzt die anderen Kindern leicht an.

Zuerst dem Brautpaar. Damit sind die beiden nämlich verheiratet! Sooo ist das bei Schweinen.

Alle prusten und lachen, bis ein Höllenspektakel auf der Wiese herrscht.

Alle Tiere lachen in ihrer „Sprache".

Das eigentliche Fest kann beginnen und nicht lange darauf tanzen alle Tiere ausgelassen auf der Wiese umher. Wer mit wem tanzt, kann man bei dem bunten Durcheinander gar nicht mehr erkennen. Ist das ein gelungenes Fest!

Nur die Flöhe sind nicht zufrieden. Man hat sie nicht gesehen und nicht gehört. Aber spüren? Ja spüren kann man sie! Ätsch!

Sibylle Velter

Der traurige Pfau

Der Pfau Edward ist traurig darüber, dass er kein Rad mehr schlagen kann und deshalb auch nicht mehr von den Kindern bewundert wird. Als er neue Freunde gewinnt, freut er sich so sehr darüber, dass er seinen Kummer ganz vergisst und ein kleines Wunder geschieht.

- Braune Pullover o. Ä. für die Pfauendamen
- Bunte Pullover o. Ä. für die Pfauenmännchen

Kinder sind im Allgemeinen von jeglichen Tiergeschichten begeistert.
Diese Geschichte kann mit älteren Kindergartenkindern im Alter von 5 und 6 Jahren gut als kleines Theaterstück nachgespielt werden. Die Kinder können dann die Dialoge selbst sprechen und dazu agieren. Mitspieler: 11–15 Kinder, Rollen: Edward, Charles, Katharina, Thomas, Jeff, eine Pfauendame, Besucher des Tierparks und ein Junge. Regieanweisungen dafür stehen neben der Geschichte.

Als spontan umzusetzende Mitmachgeschichte können das Schlagen des Pfauenrades und das Laufen des Vogel-Strauß von allen Kindern nachgespielt werden. Die männlichen Pfaue können jeweils von zwei Kindern gespielt werden. Ein Kind stellt den Körper des Pfaus dar und ein Kind spielt das Rad. Es bleibt dann solange in geduckter Haltung, bis sich das Rad laut Text öffnet. Dann macht sich das Kind ganz groß und streckt langsam die Arme nach beiden Seiten aus. Der Lauf des Vogel-Strauß

wird einfach durch Riesenschritte quer durch den Raum dargestellt.
Die Geschichte könnte vor oder nach einem Tierparkbesuch mit den Kindern gespielt werden.

- Die Kinder lernen, dass bei einigen Tieren das Aussehen zwischen Männchen und Weibchen unterschiedlich ist.
- Die Kinder erfahren, wie wichtig gute Freunde sind.

Ein Kind stolziert mit erhobenem Kopf durch den Raum. Das „Pfauenrad" folgt dem „Pfau" in geduckter Haltung.

Edward heißt der Pfau im kleinen Tierpark von Amselberg. Er ist dort zur Zeit der einzige Pfau und darüber ist er sehr froh. Nicht, dass Edward nicht gerne Freunde hätte, er befürchtet bloß, die würden ihn sowieso nur auslachen. Edward ist nämlich etwas Furchtbares passiert.

Früher, da haben immer viele Kinder vor seinem Gehege gestanden und ihn bestaunt, wenn er sein prachtvolles Pfauenrad geöffnet hat. Doch nun ist das alles vorbei. Irgendwann, da ist er morgens aufgewacht und wollte zu seinen morgendlichen Reck- und Streckübungen erst mal sein Rad öffnen. Doch was war das? Er konnte es einfach nicht mehr auffalten.

„Edward" blickt erstaunt hinter sich.

So sehr er sich auch bemühte, sein Rad blieb geschlossen. Das ist jetzt schon ein Jahr her und Edward wird mit jedem Tag trauriger.

„Charles" läuft mit großen Schritten auf „Edward" zu.

Da kommt sein einziger Freund vorbei, der Vogel-Strauß Charles. Er ist noch sehr jung und besonders gut zu Fuß. Auf schnellen Beinen kommt er angelaufen.

„Kopf hoch, Alter", ruft er Edward zu. „Es kommt der Tag, an dem du wieder wunderschöne Räder schlagen wirst."

„Ja", sagt Edward, „aber wann? Ich warte doch schon seit einem Jahr."

„Der Tag kommt bald", spricht sein Freund Charles weiter. „Ich weiß es genau."
„Woher weißt du das?", fragt Edward nach.
„Ich habe da so eine Idee", ruft Charles und dann ist er auch schon wieder verschwunden.
Edward sitzt weiter traurig in seinem Gehege.
Eine Schar Kinder kommt auf ihn zu.

„Edward" macht ein trauriges Gesicht.

Sie werfen ihm nur kurze Blicke zu.
Ein Junge ruft: „Das ist ja öde, warum macht der sein Rad nie auf?"

Ein Junge tritt aus der Schar heraus.

Das ist eindeutig zu viel für Edward. Er fängt an zu weinen.
Vor lauter Schluchzen hört er gar nicht, dass Charles zurückgekommen ist und noch viele Freunde mitgebracht hat.

Vier Pfauen bilden einen Kreis um den weinenden Edward.

„Edward" schluchzt laut. „Charles" sowie andere „Pfauen" und ihre „Räder" treten an „Edward" heran und bilden einen Kreis um.

Eine hübsche Pfauendame im braunen Federkleid geht auf Edward zu. „He Edward", sagt sie. „Ich bin Katharina und das sind meine Freunde."
Zwei junge Pfauenmänner und eine Pfauendame schauen ihn mit großen Augen an.
Edward ist ganz erschrocken. „Was macht ihr denn hier?", fragt er verwundert.
Katharina sagt: „Man hat uns unser Zuhause weggenommen. Dort bauen sie jetzt einen Supermarkt. Wir dachten, vielleicht können wir ja bei dir bleiben. Du hast so viel Platz, der würde für uns alle reichen."
Edward zögerte: „Ich weiß nicht so recht."
Katharina erwiderte: „Charles hat uns die Geschichte mit deinem Rad erzählt. Wir finden, dass das gar nicht so schlimm ist. Wir Frauen können ja sowieso keine Räder schlagen und wir sind auch nicht so schön bunt wie du. Aber wir haben doch alle so viel Spaß

miteinander. Uns ist das egal, ob wir bewundert werden oder nicht."

Edward war erstaunt: „Ehrlich?"

Alle anderen Pfauen antworten: „Na klar, und jetzt lass uns feiern, denn schließlich haben wir ein neues Zuhause gefunden und du vier neue Freunde."

Alle „Pfaue" und „Charles" tanzen um „Edward".

Und so wird erst mal eine richtige Party gefeiert. Natürlich ist Charles als Ehrengast mit dabei.

„Pfauenräder" öffnen sich.

Thomas und Jeff, die beiden Pfauenmänner, öffnen vor Freude ihr buntes Pfauenkleid.

Und Edward, na was denkt ihr wohl? Er macht es ihnen nach.

„Pfauenmänner" stolzieren durch den Raum.

Stolz zeigen sich drei Pfauenräder.

Edward hat vor lauter Freude über seine neuen Freunde gar nicht gemerkt, dass sich sein Rad wieder wie von selbst öffnen lässt.

Da ruft Katharina: „Edward, dein Rad, es ist wunderschön!"

Jetzt hat Edward erneut Tränen in den Augen. Aber diesmal sind es Freudentränen.

Swana Rensmann

Sieben kleine Gespensterchen

Sieben kleine Gespensterchen erleben zusammen den Mitternachtsspuk. Dabei musizieren sie und treiben Sport, bis um ein Uhr der Gespensterspuk wieder vorbei ist.

Es sollten geeignete „Lärminstrumente“ wie Topfdeckel, eine Rasselkette o.Ä. bereitstehen. Ein Becken oder ein Xylophon eignen sich als Glockenschlag. Eventuell Matten zum Turnen aufbauen. Als Kostüme eignen sich alte Gardinenreste oder Laken.

Das Mitspielen ist hier nur auf Bewegung und Geräusche und nicht auf Sprache ausgelegt. Die Kinder können die Impulse des Textes aufnehmen und frei umsetzen. Es können genau sieben Kinder die Rolle der sieben Gespensterchen spielen, ebenso gut können aber auch jeweils zwei oder mehr Kind eine der Gespensterrollen darstellen.

Musik- und Bewegungsfreude der Kinder aufnehmen

Es waren einmal sieben kleine Gespensterchen. Sie wohnten mit einem Obergespenst, das ein wenig älter war, in einem alten, stillen Schlossgemäuer seit Urzeiten fröhlich beieinander. Keiner hatte sie je gesehen und keiner hatte sie je gehört. Wer sollte sich auch die Mühe machen, zwischen Mitternacht und ein Uhr früh in dieses alte, verlassene Schlossgemäuer zu gehen?

Zwölf laute Glockenschläge ertönen.

Kaum schlug es zwölf dumpfe Glockenschläge auf der uralten Turmuhr, wurde es sehr lebendig in dem stillen alten Gemäuer.

Kinder stellen nun pantomimisch das Herauskriechen aus den unterschiedlichsten Verstecken dar. Die Erzieherin kann als „Obergespenst" entsprechende Bewegungen vormachen, falls die Kinder sich schwer tun, selbst etwas zu erfinden.

Von überallher kamen die Gespensterchen! Das erste der sieben schlüpfte aus einer alten, wurmstichigen Truhe. Es wühlte sich fröhlich aus den Tüchern und Kleidern und sprang mit einem Satz heraus.
Das zweite krabbelte unter einem Tisch hervor, unter dem es sich in der Vornacht ein gemütliches Lager gebaut hatte.
Das dritte kam aus dem Schrank, in dem es überhaupt nicht bequem gewesen war, und streckte erst einmal kräftig die Arme und Beine.
Das vierte kam gemütlich zur Türe herein, niemand wusste, wo es gesteckt hatte.
Das fünfte kam von einer Leiter herunter, auf der es 23 Stunden gekauert hatte.
Das sechste und das siebte kamen Hand in Hand durch das Fenster geschwebt. Vermutlich hatten sie die Zeit bis gerade eben im Schlossgarten verbracht.

Musikeinsatz vom Band oder live von der Erzieherin oder den Kindern gespielt.

Nun waren sie also wieder einmal alle zusammen und der allnächtliche Spuk konnte beginnen. Sie fassten sich rund um das Obergespenst an den Händen, in diesem Augenblick begann eine ohrenbetäubende, schauerliche Musik. Eine herrliche Gespenstermusik.

Die Kinder suchen sich beliebige „Instrumente".

Die sieben Gespensterchen wiegten sich hin und her, tanzten nach rechts im Kreis, dann nach links im Kreis. Nun ließen sie sich los, und jedes der sieben Gespensterchen tanzte nach der wilden, schauerlichen Musik, gerade so wie es wollte. Aber das war erst der Anfang! Nun stieben sie auseinander und jedes Gespenstchen suchte sich etwas, womit es noch mehr Lärm machen konnte.

Tanzend kamen sie zurück in den Kreis. Die Musik verstummte und nun fingen sie an, eine noch schauerlichere Gespenstermusik zu machen.

Spiel und Musik

Dann spielten sie zusammen einen Gespenstermarsch. Die Gespensterchen marschierten nach dem Takt ihrer Musik im Raum umher. Das Obergespenst schwebte klatschend vorneweg.

Marschieren

Plötzlich schlug zweimal leise die Turmuhr.

Leiser Glockenklang

Alle sieben Gespensterchen standen auf dieses Kommando still. Die erste halbe Stunde des Spukes war vorbei und der Musikspaß war zu Ende. Das Obergespenst gab das Zeichen zur Sportstunde. Dabei hob es beide Hände und fing an zu zählen. Als es bei zehn angekommen war, saßen die sieben kleinen Gespensterchen brav hintereinander.

Kinder setzen sich in eine lange Reihe auf den Boden.

Ja, auch Gespensterchen haben Turnen. Gespensterchen wollen nämlich gern so wie die großen Gespenster werden, sie wollen purzeln, hüpfen, tanzen, balancieren, schleichen, geistern und dabei Huhu rufen können.

Jedes der sieben Gespensterchen durfte eine tolle Übung machen, bis die Turmuhr leise viermal schlug.

Die Kinder denken sich Gespensterturnübungen aus.

Jedes der sieben kleinen Gespensterchen schwebte zu einer Stelle im Raum, wo es die folgenden langen 23 Stunden bis zur nächsten Mitternacht verbringen wollte, kauerte sich hin und wurde ganz still. Die leise Musik verstummte und es erklang ein dumpfer, sehr lauter Glockenschlag der alten Turmuhr.

Lauter Glockenschlag

Als der Ton verklungen war, war auch da Obergespenst wieder irgendwohin verschwunden. Das alte Schlossgemäuer lag so still und ruhig da, als ob dort niemals jemand gewesen wäre. Doch die sieben kleinen Gespensterchen, das Obergespenst und du wissen, dass es morgen Nacht zur Geisterstunde wieder sehr lustig und lebendig werden wird in diesem alten, stillen Schlossgemäuer.

Sibylle Velter

Weltraumfahrt

Erwin, ein Erfinderkind, hat ein Raumschiff gebaut und lädt fünf Freunde ein, mit ihm in den Weltraum zu fliegen. Auf drei „Haltestellen“ erleben sie Abenteuer, die in der Geschichte nur angedeutet werden.

Requisiten sind nicht notwendig, nur die Rakete sollte improvisiert mit Tischen und Stühlen nachgebaut werden. Es ist sicher auch kein Problem, die Start- und Landegeräusche der Rakete zu simulieren! Ob Kostüme oder Masken notwendig sind für die Begegnungen an den „Haltestellen“ bleibt der Fantasie der Kinder oder des Spielleiters überlassen.

Diese Art einer Spielgeschichte regt die Fantasie der Kinder an und steigert die Spielfreude enorm. Es können verschiedene Erlebnisse gespielt und die ganze Gruppe eingebunden werden.
Bei der Gestaltung des Spieles mit diesem Text müssen die Kinder selber mögliche Erlebnisse erfinden, die in der Geschichte nur mit „Eigenschaften“ vorgegeben sind. So sollte sie erst mit den Kindern erarbeitet werden, da nicht spontan mitgespielt werden kann. Dann eignet sie sich zum Vorlesen, parallel zur Darstellung. Bei den Spielphasen unterbricht der Erzähler seinen Vortrag.
Im Anschluss könnten neue Abenteuer erfunden, Bücher über das Universum angeschaut, Bilder gemalt oder gemeinsam Erwins neueste Erfindungen erdacht werden.

- Interesse der Kinder für alles Unbekannte aufnehmen
- Fantasie anregen
- Sprachanlässe schaffen

Erwin, der kleine Erfinder, hatte endlich seine Rakete fertig gebaut. Glänzend und silberfunkelnd ragte sie hoch vor ihm auf. Heute sollte die erste Weltraumfahrt starten. Seine fünf besten Freunde hatte er dazu eingeladen. Ah, da kamen sie ja schon! Jedes der Kinder hatte etwas mitgebracht, was es unbedingt mit auf die Weltraumfahrt nehmen wollte. Erwin entdeckte einen (Fotoapparat, Teddybären, Apfel …) und wollte natürlich sofort wissen, wozu das Ding mitkommen sollte. „Das brauche ich, weil …“, antworteten die Kinder nacheinander und Erwin nickte jedes Mal und verstand seine Freunde sehr gut. Er selber nahm ein Fernglas mit auf die Reise.

Die Kinder stellen selbst jeweils einen Gegenstand vor, den sie mitnehmen wollen und erklären, warum er ihnen wichtig ist.

Die Kinder setzten sich gespannt auf ihre Plätze, Erwin war natürlich der Pilot. Er zündete den Antrieb und mit ohrenbetäubendem Lärm erhob sich die Rakete langsam vom Boden. Sie schwankte und zitterte und alle Kinder fingen an zu kreischen. Nun wurde es wieder leise im Raumschiff, das gewaltig an Tempo gewonnen hatte und man hörte das Zischen und Vorbeibrausen der Luft. Die Rakete flog höher und höher, bis sie an die Wolkendecke stieß, sie durchbrach und hinaustobte in den weiten Weltraum. Aber wohin wollten sie denn überhaupt fliegen? Das war Erwins Überraschung.
Nach einiger Zeit lenkte er das Raumschiff ein wenig nach links und begann es vorsichtig abzubremsen. Die Landevorrichtung klappte aus den Seiten und dem Boden der Rakete und ganz sanft setze sie auf festem Grund auf.

Die Kinder ahmen die Fluggeräusche bis zur Landung nach.

Die Kinder assoziieren frei, was sie auf dem unbekannten Planeten alles entdecken.

Wo waren sie? Erwin wusste es wohl, die Kinder nicht. Sie krabbelten nacheinander aus der Rakete und vor Überraschung blieb ihnen fast der Atem weg. Was es da alles zu sehen gab …

Die Kinder denken sich selbst aus, was sie mit den fremden Wesen erleben können. Ein Teil der Kinder kann die „Wesen" spielen.

Sogar menschenähnliche Wesen schienen hier zu leben. War das nicht auch Musik? So eine Musik hatten sie noch nie gehört! Aber es schien hier auf diesem fremden Planeten nicht gefährlich zu sein. Die Wesen kamen freundlich auf die Kinder zu und was sie dann erlebten, war einfach super …

Da rief Erwin zum Aufbruch. Nach großer Verabschiedung stiegen die Kinder wieder in ihr Raumschiff und sie konnten starten. Aber wohin wollten sie denn überhaupt fliegen? Das war Erwins Überraschung.
Nach einiger Zeit lenkte er das Raumschiff ein wenig nach rechts und begann es vorsichtig abzubremsen. Die Landevorrichtung klappte aus den Seiten und dem Boden der Rakete und ganz sanft setze sie auf festem Grund auf. Vorsichtig kletterten sie alle hinaus. Erwin hielt sie ein wenig zurück; diesmal schien der Planet nicht ganz so friedlich. Was sie sahen, gefiel ihnen nicht. Wo waren sie? Erwin wusste es wohl, die Kinder nicht. Kamen da nicht gefährlich aussehende Tierwesen auf sie zu? Sie versteckten sich hinter dem Raumschiff und beobachteten erst einmal, was da geschah …

Kinder denken sich aus, was es auf diesem Planeten zu erleben gibt. Einige können die Tierwesen spielen.

Bei der nächstmöglichen Gelegenheit schlüpften alle wieder zurück in die Rakete und hatten gar nichts dagegen, als Erwin gleich darauf den Antrieb anwarf. Bald sauste das Raumschiff weiter. Die nächste Landung sollte die letzte vor der Rückkehr sein. Aber wohin wollten sie denn überhaupt fliegen? Das war Erwins Überraschung.
Nach einiger Zeit lenkte er das Raumschiff ein wenig nach unten und begann es vorsichtig abzubremsen. Die Landevorrichtung klappte aus den Seiten und dem Boden der Rakete und ganz sanft

Die Kinder denken sich aus und schildern, was auf diesem dritten Planeten passieren könnte, oder sie spielen zusammen mit den Robotern ihre Ideen.

setze sie auf festem Grund auf. Nach der Erfahrung vom letzten Planetenbesuch waren die Kinder nun noch vorsichtiger. Bevor sie ausstiegen, guckten sie erst nach allen Seiten aus den Fenstern. Alles schien silbern zu sein. Ringsherum. Wo waren sie? Erwin wusste es wohl, die Kinder nicht. Blinkten da nicht metallene Roboter? Was taten sie? Mussten sich die Kinder vor ihnen fürchten?

Oh, das war ein tolles Erlebnis gewesen! Darüber waren sich die Kinder alle einig, als es Zeit wurde, auf die Erde zurückzufliegen. Der letzte Start und es ging in rasender Fahrt in Richtung Heimatplanet Erde. Den Treibstoff hatte Erwin genau richtig berechnet, um gerade noch sicher zu landen. Der Tank machte die letzten blubbernden Geräusche, die Landevorrichtung klappte aus und ganz sanft setzte die Rakete auf festem Grund auf. Die Kinder rannten schnell in verschiedene Richtungen nach Hause. Sie hatten ja so viel zu erzählen.
So merkten sie gar nicht, dass sich der kleine Erfinder Erwin grübelnd neben seine Rakete gesetzt hatte. Worüber er wohl so angestrengt nachdachte? Sicher eine neue Erfindung! Oder was meinst du?

Sibylle Velter

Das Küchenballett

Das ist eine Krachmachgeschichte mit einfachen Küchengeräten. Der Inhalt, das Lebendigwerden der Küchengeräte, steht nicht an erster Stelle. Er soll lediglich den Rahmen geben, mit den Kochgeräten auszuprobieren, was man damit zweckentfremdet noch alles anstellen kann.

Kochtopf mit Deckel, Sieb, Kochlöffel, Schöpfkelle, Löffel, Messer, Gabeln, Pfannenschieber und Pfanne, Tortenheber und Tortenplatte.

Gespielt wird zu der Erzählung, die an den „Krachmachstellen“ unterbrochen wird. Jedes Kind erhält ein Küchengerät und spielt das in der Geschichte zum jeweiligen Küchengerät Erwähnte nach. Neben den Vorgaben des „Balletts“ bleiben den Kindern auch eigene Ideen zu Tanzmöglichkeiten und deren Gestaltung.
Im Anschluss könnte auch mit anderen Dingen ausprobiert werden, was man zweckentfremdet damit tun könnte. Ein Stuhl ist z.B. viel mehr als ein Stuhl!

Der Spielspaß und das „Krachmachendürfen“ stehen im Vordergrund.

Die Kinder ahmen die folgenden Bewegungen und Geräusche mit ihren Küchengeräten leise nach.

Es war der 5.5. 5 Uhr 55. Der Mond, der durch das Küchenfenster schien, war kugelrund. Es waren der Tag, die Stunde, die Minute und die Sekunde, die die Küchengeräte lebendig machen. Vollmond zu genau dieser Zeit ist so selten, dass es noch nie jemand gesehen hat. Auch für die Küchengeräte war es völlig überraschend. Gerade lagen oder standen sie noch still in ihren Schubladen oder hingen schläfrig an ihren Haken, als die Mondstrahlen sie weckten. Erstaunt öffneten sie ihre Augen und begannen sich zaghaft zu bewegen.
Der Topf klapperte müde mit seinem Deckel, das Sieb drehte sich vorsichtig um sich selbst, der Kochlöffel klopfte leise auf den Tisch, auf dem er lag, die Schöpfkelle schlug zarte Töne gegen die Kacheln und alle Löffel, Messer und Gabeln begrüßten sich und klapperten gegeneinander. Der Pfannenschieber kratzte in der Pfanne herum und der Tortenheber auf der Tortenplatte. Alle Küchengeräte probierten aus, welche Töne sie ganz von selber machen konnten. Ohne die Hand der Hausfrau oder des Hausmannes.

Die Kinder machen immer lautere Geräusche.

Waren die Geräusche zuerst leise und zaghaft gewesen, so wurden sie nun schnell immer lauter und lauter. Es war bald ein Höllenspektakel.

Das Kind, das den Topf hat, knallt mit dem Topfdeckel auf den Topf. Im selben Augenblick hören die anderen Kinder auf zu lärmen.

Bis der Topf ein Machtwort sprach. Bei Töpfen geht das mit einem gewaltigen Topfdeckelknall.
Erschrocken schwiegen sofort alle Küchengeräte und blickten zu ihm.
Was sollte denn das, jetzt waren sie einmal lebendig und schon sollten sie wieder still sein?

Doch der Topf bedeutete ihnen nur, dass sie sich in einer Reihe aufstellen sollten. Er hatte begriffen, dass sie nicht nur Geräusche machen konnten, sondern dass sie sich auch von der Stelle bewegen konnten in dieser seltsamen Dämmerstunde. Auf die Plätze, fertig, los. Der Topf gab das Kommando und alle marschierten im gleichen

Rhythmus hinter ihm her. Natürlich durften sie nun alle wieder richtig Krach machen. Es klopfte, schepperte, krachte, klapperte, schabte und klirrte.
So wanderten sie eine Weile laut und fröhlich durch die Küche. Vorwärts und rückwärts und dann im Kreis.

Alle Kinder marschieren in einer Reihe hinter dem Kind mit dem Kochtopf her und machen mit ihren Küchengeräten einen Riesenlärm.

Bis der Topf wieder ein Machtwort sprach. Alle verstummten und blieben auf der Stelle stehen.

Bewegungen s. o.

Der Topf trat in die Mitte des Kreises und klapperte dreimal laut mit seinem Deckel. Dann blieb er vor dem Pfannenschieber stehen, verneigte sich und der nahm nun den Platz in der Mitte ein und machte Geräusche auf seine Art. So machten es nacheinander alle Küchengeräte.
Nun erst kannten sie sich alle richtig und hörten genau, was jeder konnte.

Die Kinder spielen diese Szene nach.

Nach dieser Vorstellungsrunde kam der Paartanz! Wieder begann der Topf und er forderte das Sieb zum Tanz. Nach einigen sehr lustigen Drehungen mit herrlichem Krach wurde der Topf vom Besteck abgelöst, das mit dem Sieb weitertanzte und so ging mit lautem Geklapper und Getöse diese Runde herum, bis alle dran waren.

Die Kinder tanzen den Paartanz.

Den Küchengeräten fiel noch viel mehr ein.
Sie tanzten zu zweit, zu dritt, im Stehen, in der Hocke oder auch sonstwie.

Die Kinder tanzen und lärmen, wie sie gerade Lust haben.

Ein Küchenballett, wie man es noch nie schöner gesehen oder gehört hat.

Die Strahlen des Vollmondes verschwanden ganz langsam und machten der nahen Dämmerung des nächsten Morgens Platz. Und das bedeutete auch das Ende des einmaligen Küchenballetts.

Ein Kind nach dem anderen hört auf, mit seinem Küchengerät Geräusche zu machen, bis es am Ende ganz still ist.

Die Geräte verstummten nacheinander und kehrten leise wieder an ihren Platz zurück.

Doch sie waren nicht traurig. Hatten sie doch ein wirklich einmaliges Erlebnis gehabt, das sie noch ihren Kindern und Enkeln erzählen konnten!
Nur der Hausmann wunderte sich etwas. Nicht weil die Dinge anders dalagen, sondern weil sie so fröhlich glänzten und ihm das Kochen plötzlich viel mehr Spaß machte.

Sibylle Velter

Das Unkraut

Diese Geschichte erzählt von einem Unkraut, das der Aufmerksamkeit von Tante Lisa entgeht und unentdeckt groß werden kann. Es wird zu einer schönen Blume und aus der Ablehnung der anderen Blumen wird Zuneigung.

Kostüme sind nicht notwendig, es kann einfach so gespielt werden.

Gespielt wird zu der Geschichte, alle Kinder können mitmachen.
Rollen: Tante Lisa, Unkraut, Blumen, Tante Lisas Begleiter.
Immer, wenn Aktionen oder Sprechtexte vorkommen, wird die Erzählung unterbrochen. Das Unkrautkind ist zunächst klein und geduckt und wächst durch langsames Aufstehen. Die Arme bilden den Stängel; die Knospe wird von den geschlossenen Händen und die Blüte von den offenen Händen dargestellt.
Im Anschluss an die Geschichte könnten Gärten aufmerksam betrachtet, Pflanzen bestimmt oder gesammelt und gepresst werden, z.B. zur Gestaltung von Grußkarten, wobei besonders die kleinen und unscheinbaren „Unkräuter" verwendet werden sollten.

Achtsamkeit wecken auch gegenüber Unscheinbarem. Dies könnte dann im weitesten Sinne auch übertragen werden auf die Gleichwertigkeit aller Menschen. Aus Ablehnung wird Akzeptanz.

Im Garten von Tante Lisa wuchsen die herrlichsten Blumen. Sie standen zwar noch nicht in voller Blüte, aber man konnte schon sehen, was daraus einmal werden sollte. Sonnenblumen, Zinnien, Dahlien, Astern, Ringelblumen, Vergissmeinnicht, ein prächtiger Rosenbusch über und über mit rosa Knospen besät, Geranien in Töpfen und Studentenblumen in Kästen. Und sie alle bewunderten sich selber!
Es war eine wahre Pracht.

Die Kinder, die die Blumen darstellen, wiegen sich mit nach oben gestreckten Armen und offenen Händen langsam hin und her.

Tante Lisa legte aber auch großen Wert auf ihren Garten. Sie hegte und pflegte und goss den lieben langen Tag. Kein Unkraut hatte bei ihr eine Chance. Sie riss die kleinen grünen Blättchen, kaum dass sie aus der Erde spitzelten, unbarmherzig aus. Aber nur fast von jedem Unkraut!

Das Kind, das Tante Lisa spielt, stellt diese Szene dar.

Denn *einem* von ihnen gelang es bis jetzt, unentdeckt zu bleiben!
Es duckte sich so geschickt unter den dornigen Rosenbusch, dass es unter den dunklen grünen Blättern bis jetzt für Tante Lisa unsichtbar geblieben war. Sehr zum Ärger der anderen Blumen im Garten. Immer wieder riefen sie sich zu: „Wir wollen kein Unkraut unter uns haben!"

Das Kind, welches das Unkraut spielt, sitzt geduckt bei dem Kind, das den Rosenbusch darstellt.

Das machte das Unkraut oft sehr traurig.
Noch aber wuchs es zuversichtlich vor sich hin. Weniger zuversichtlich war es, wenn Tante Lisas spitze Hacke gefährlich nahe kam. Hämisch wurde es von den anderen Blumen beobachtet und sie riefen: „Da vorne ist das Unkraut!"

Die Blumenkinder zeigen mit dem Finger auf das Unkrautkind und rufen diesen oder andere derartige Sätze aus.

Gut, dass Tante Lisa die Blumensprache nicht verstand und meistens bei der Arbeit sang, so wusste das Unkraut genau, wann es sich ganz klein machen musste.
Doch das war nach einer Weile nicht mehr ganz so einfach. Es war inzwischen zu einer stattlichen Höhe herangewachsen. Seine Blät-

ter bildeten einen dichten Stern und sie wurden immer dichter, dicker und kräftiger. Und noch immer war es nicht entdeckt worden. Da konnten die anderen Blumen noch so laut und neidisch rufen!

Das Unkrautkind erhebt sich langsam aus seiner geduckten Stellung bis es ganz dasteht.

Es dauerte nicht mehr lange und aus der Mitte des dichten Unkrautblättersterns schob sich ein Stängel nach oben.

Die Blumenkinder tuscheln miteinander und zeigen auf das Unkrautkind.

Verblüfft wurde das von den anderen Blumen beobachtet, die nun schon fast in ihrer vollen Blüte dastanden. Erstaunt besprachen sie sich miteinander und allmählich wurden sie neugierig auf dieses standhafte Unkraut.

„Tante Lisa" spielt diese Szene nach. „Blumenkinder" halten sich den Mund zu.

Wenn Tante Lisa in diesen Tagen dem Unkraut gefährlich nahe kam, schwiegen die anderen Blumen.

Das Unkrautkind hebt seine Arme nach oben und stellt die Knospe mit geschlossenen Händen dar.

Der Stängel konnte sich nur mühsam im dichten Blätterwald der Rose verstecken. Da begann sich am oberen Ende des Stängels eine Blüte zu bilden. Eine hübsche lila Knospe.

„Tante Lisa" verabschiedet sich mit eigenen Worten von jeder einzelnen Blume.

Das geschah genau zu der Zeit, als Tante Lisa sich schweren Herzens für einige Tage von ihren Blumen trennen musste. Wehmütig verabschiedete sie sich von ihren Lieblingen.

„Rosenbusch" hält schützend seine Arme um das Unkrautkind.

Das Unkraut duckte sich so gut es eben ging und erstaunt spürte es, dass der Rosenbusch mithalf, es zu verbergen!

Das sahen die anderen Blumen und es machte ihnen nichts aus! Waren sie doch nun selber gespannt auf das Unkraut. Sie flüsterten sich zu:„Was wohl aus dieser lila Knospe wird?“

Nun blinzelte die lila Knospe schon über den Rosenbusch hinaus. Als sie plötzlich den blauen Himmel ungetrübt über sich hatte und die Strahlen der Sonne warm auf sich spüren konnte, öffnete sie sich zu einer wunderbaren, buschigen lila Blüte. Glücklich blickte sich das Unkraut um. Es konnte an Schönheit durchaus mit allen Blumen des Gartens mithalten!

Das Unkrautkind öffnet nun die Hände. Es dreht sich dabei langsam in alle Richtungen.

Das fanden auch die anderen Blumen im Garten und sie schämten sich für ihre Gehässigkeit.

Die Blumenkinder lächeln das Unkrautkind freundlich an.

Da kam Tante Lisa zurück. Ihr erster Weg führte sie in ihren geliebten Garten. Sie war nicht alleine! Ein Mann ging neben ihr her.

Tante Lisa und ihr Begleiter wandern von einer Blume zur anderen.

Als sie sich dem Rosenbusch näherten, hielt das Unkraut die Luft an. Nun hatte wohl sein letztes Stündchen geschlagen. Die anderen Blumen zitterten mit ihm und riefen ihm gute Ratschläge zu.

Die Blumenkinder formulieren frei, z. B.: „Hab keine Angst! Mach dich ein bisschen kleiner!“

Da staunte der Mann: „Oh, eine so schöne Distel habe ich schon seit Jahren nicht mehr gesehen!“
Und er strich behutsam über den Blütenkopf.

Szene wie beschrieben spielen.

Tante Lisa staunte nicht schlecht! Die anderen Blumen auch. Aha, eine Distel war das also. Das Unkraut hatte plötzlich einen Namen bekommen. Aber woher sollten sie auch wissen, dass jedes Unkraut einen Namen hat und sie freuten sich mit der Distel. Sie flüsterten sich aufgeregt ihre Freude zu.

Die Blumenkinder formulieren frei, z. B.: „Gott sei Dank, unsere Distel wird wohl nicht gejätet!“.

Tante Lisa dreht sich nachdenklich um.

Tante Lisa hütete sich zuzugeben, dass sie dieses eine Unkraut übersehen hatte und als sie sich abwandte, sah sie sehr nachdenklich aus, als sie in ihr Haus zurückging. Unkraut?
Aber sagt mal selber, gibt es eigentlich Unkraut?

Sibylle Velter

Die fliegende Luftmatratze

Diese Geschichte erzählt von einer Zeitreise zweier Kinder auf einer fliegenden Luftmatratze. Sie fliegen in die Vergangenheit und besuchen verschiedene Länder. Dabei erleben sie das, was von den Kindergartenkindern beschlossen wird.

Eine Luftmatratze und Kostüme sind nicht unbedingt notwendig, steigern aber in dieser Geschichte die Spielfreude bzw. erleichtern das Erkennen der Länder. Der Einsatz von Glöckchen, Trommel bzw. Tamburin sowie anderer Musikinstrumente kann der Untermalung der Geschichte dienen.

Es sind nur die Länder und Zeiten vorgegeben, nicht aber die Begegnungen. Das bleibt der Fantasie der Kinder überlassen und kann, wenn man die Geschichte öfter einsetzt, jedes Mal ganz anders sein.
Gespielt wird zu der Erzählung, die durch das Spiel unterbrochen wird. Die Geschichte hat kein Ende, kann also beliebig beendet oder weitergesponnen werden. Das steigert die Spielfreude und die Erfindungsgabe der Kinder enorm.
Da viele Kinder ein reges Interesse an der Vergangenheit und geschichtlichen Ereignissen haben, können sie die Geschichte gut mit eigenen Vorstellungen bereichern. Im Anschluss empfiehlt es sich, Bücher über fremde Länder und Zeiten anzuschauen und Unterschiede in Kultur und Lebensweise dieser Menschen zu benennen oder Bilder zu malen. Diese Geschichte kann auch im Rahmen eines Projektes eingesetzt werden. Die

Bildungsinhalte können im Rahmen der Geschichte individuell auf spielerische Weise wiederholt werden.

In dieser Geschichte soll v.a. die Fantasie der Kinder, ihr Interesse an Vergangenem und das Bewusstsein angeregt werden, dass es auf unserer Erde viele verschiedene Menschen und Kulturen gab und gibt, die alle zusammen durch ihre Verschiedenheit zu einer bunten Vielfalt auf unserer Welt beitragen.

Die Kinder nennen einige Dinge, die man mit einer Luftmatratze machen kann.

Was eine Luftmatratze ist, weiß jedes Kind. Und was man damit machen kann, auch.

Doch es gibt auch eine ganz besondere Luftmatratze! Die von Peter und Petra.
Auf der kann man in die Vergangenheit fliegen, und zwar wohin man will, so wie auf einem fliegenden Teppich, von dem in den Märchen von 1001 Nacht gesprochen wird.
Um aber damit fliegen zu können, müssen drei Bedingungen erfüllt werden:
Es müssen immer ein Junge und ein Mädchen auf ihr sitzen, sie müssen Fantasie, Träume und Wünsche haben und sie müssen natürlich den Zauberspruch herausfinden! Peter und Petra erfüllten zu Beginn der Geschichte erst zwei der Bedingungen, doch sie setzten sich gemütlich auf der Luftmatratze zurecht. Den Zauberspruch würden sie schon noch finden, da waren sie sich ganz sicher!

Ein Mädchen und ein Junge setzen sich auf die Luftmatratze.

Kinder denken sich Zaubersprüche aus.

Sie probierten diesen und jenen Satz. Immer abwechselnd.

Lange passierte überhaupt nichts. Plötzlich erzitterte die Matratze. Da war er der richtige Spruch! Aber sie hatten ihn leider so leise ge-

Mit dem Körper hin- und herwippen, Pfeif- und Heulgeräusche machen.

flüstert, dass niemand anderer ihn verstanden hat. Schade! Die Luftmatratze begann zu schaukeln, die Kinder hielten sich erschrocken fest und schon pfiff ihnen der Wind um die Ohren.

Ein Kind schüttelt kleine Glöckchen.

Kaum waren sie gestartet, da landeten sie schon wieder. Welches Ziel hatte die Matratze? Wohin hatten die Kinder sich gewünscht? Glöckchen läuteten ganz leise in der Ferne und seltsam gekleidete Menschen huschten mit kleinen Schritten neugierig um Peter und Petra herum. Sie hatten schräge Augen, trugen Hüte wie flache runde Dächer, weite Hosen, die nur bis unter das Knie reichten und flache Sandalen. Und alle lächelten! Die Kinder waren im China der Ming-Dynastie gelandet. Die Menschen nahmen die Zwei in ihre Mitte und … Ja, was taten sie zusammen?

Kinder, die die Menschen im alten China darstellen, lächeln und tänzeln um „Peter" und „Petra" herum. Die anderen Kinder machen Vorschläge, was die Spieler tun sollen.

Danach verabschiedeten sich Peter und Petra. Sie hatten ja noch so viel vor und wollten weiter!
Wieder flüsterten sie den Zauberspruch. Die Luftmatratze begann zu schaukeln, die Kinder hielten sich erschrocken fest und schon pfiff ihnen der Wind um die Ohren.

Darstellung s. o.

Ein Kind schlägt auf eine Trommel oder ein Tamburin.

Kaum waren sie gestartet, da landeten sie schon wieder. Welches Ziel hatte die Matratze? Wohin hatten die Kinder sich gewünscht? Diesmal hörten sie Trommeln. Ganz in ihrer Nähe.
Und schon tauchten Menschen auf. Oh, die sahen aber fremd aus! Sie trugen Federn im Haar, waren bunt bemalt, an ihrer Kleidung waren überall Fransen und sie trugen keine Schuhe. Manche hatten einen Bogen in der Hand, manche ein kleines Beil und einer eine Pfeife mit einem langen Stiel. Der lächelte freundlich. Die beiden Kinder waren in Amerika gelandet, und zwar im Jahre 1492, kurz vor der Entdeckung dieses Kontinents durch die Europäer.
Die Indianer nahmen Peter und Petra in ihre Mitte und … Ja, was taten sie zusammen?

Die Kinder dürfen Vorschläge machen, was die Spieler tun sollen, z. B. mit Indianergeheul herumtanzen.

Danach verabschiedeten sich die zwei Abenteurer wieder. Sie hatten ja noch so viel vor und wollten weiter! Sie flüsterten den Zauberspruch. Die Luftmatratze begann zu schaukeln, die Kinder hielten sich erschrocken fest und schon pfiff ihnen der Wind um die Ohren.

Darstellung s.o.

Kaum waren sie gestartet, da landeten sie schon wieder. Welches Ziel hatte die Matratze? Wohin hatten die Kinder sich gewünscht? War dies wieder ein fremdes Land in vergangener Zeit mit fremden Menschen und Bräuchen? Oder war es vielleicht ein Fantasieland, ein Zauberland, ein Märchenland?

Die Kinder machen Vorschläge, in welchem Land die Zwei gelandet sind und spielen die entsprechenden Wesen lautstark nach.

Irgendetwas oder irgendjemand nahm Peter und Petra in die Mitte und ... Ja, was taten sie zusammen?

Sibylle Velter

Erster!

Diese kurze Geschichte erzählt von zwei Blumen, die sich unnötig in die „Blätter“ kriegen darüber, wer als „Erster“ im Frühling erblüht.

Zwei Kinder könnten dazu weiß und gelb gekleidet sein, sonst wird nur noch ein weißes Laken benötigt.

Diese Geschichte thematisiert das Streiten. Die Kinder sind aufgefordert, mal so richtig nach Herzenslust zu streiten und sich auszutoben. Gleichzeitig macht das Ende der Geschichte deutlich, wie sinnlos mancher Streit auch ist! Die Kinder sollten sich zum Spielen in zwei Reihen einander gegenüber aufstellen.

- Streit als bekanntes Thema aufgreifen
- Sinnlosigkeit manchen Streits bewusst machen
- Sprachanlässe aufnehmen

Im Garten liegt kein Schnee mehr. Der lange Winter ist fast vorbei. Jeden Tag wird es ein bisschen früher hell, ein bisschen später dunkel und ein bisschen wärmer.

Es dauert nicht mehr lange, dann ist er da, der Frühling!

Räkeln, strecken, dehnen

Das spüren auch das Schneeglöckchen und der Krokus in Kais Garten.

Zuerst sieht Kai nur grüne Spitzen aus der Erde schauen. Jeden Tag sind sie wieder ein Stückchen höher geworden. Kai freut sich. Er ist gespannt, welche Blume zuerst blühen wird: das Schneeglöckchen oder der Krokus.
Die beiden Blumen selber sind genauso gespannt.
Neugierig beobachtet das Schneeglöckchen den Krokus und der Krokus das Schneeglöckchen.

Hand an die Stirn legen, genau schauen

„He, du, ich bin die erste Blume im Jahr! Brauchst dich gar nicht so zu beeilen!", ruft das Schneeglöckchen. „Ach sei still, du bist ja so blass und weiß wie Schnee! Dich sieht man ja kaum, wenn es noch einmal schneit! Aber ich bin ganz schön gelb! Mich sieht man viel besser!", antwortet der Krokus stolz und strengt sich mächtig an mit dem Wachsen.

Kinder recken und strecken sich erneut.

Es beginnt ein richtiger Streit!

Kinder beschimpfen sich nach Herzenslust.

Bald aber sprechen die beiden Blumen gar nicht mehr miteinander und schauen sich nur noch bitterböse an. Wenn sie sich überhaupt anschauen! Sie sind nur mit dem Wachsen beschäftigt, um ja die andere Pflanze zu übertrumpfen und die zuerst blühende, größte und schönste zu sein.
Und tatsächlich schiebt sich der Krokus ein bisschen höher als das Schneeglöckchen. Doch vielleicht liegt es auch daran, dass die Blütenglocke des Schneeglöckchens nach unten hängt? Hämisch blinzelt der Krokus zu der Nachbarblume und kann es wieder einmal nicht lassen zu sticheln.
Da schaut Kai wieder nach den zwei Blumen. Oh, beide sind aufgeblüht, zur gleichen Zeit! Das muss er sofort seiner Mutter erzählen!
Die beiden blühenden Pflanzen finden keine Freundlichkeit füreinander. Ganz im Gegenteil! Bald fliegen die bösen Worte wieder nur so hin und her!

Kinder üben sich nochmal im freien Schimpfen.

Erzieherin bedeckt zwei Kinder mit dem Laken.

Endlich ist es Abend geworden und den beiden Streithähnen geht die Puste aus.
In der Nacht darauf fällt noch einmal Schnee.

Schneeglöckchenkind hebt das Laken und schaut fröhlich in die Runde.

Gleich am Morgen rennt Kai in den Garten. Wie mag es den Blumen ergehen? Das Schneeglöckchen schaut fröhlich aus dem Schnee heraus.

Ein anderes Kind lüftet das Laken über Kind 2.

Den Krokus muss Kai erst unter dem Schnee suchen. Er schiebt die schweren Flocken mit den Händen vorsichtig auf die Seite.

Da lacht das Schneeglöckchen: „Siehst du, Krokus, du bist zwar wirklich schön gelb, aber der Schnee deckt dich zu. Dann kann man dich nicht mehr sehen! Aber ich strecke mich einfach und schaue über den Schnee! Ich denke, unser Streit war ziemlich doof!"
Der Krokus ist froh, wieder frei zu sein. Er schämt sich nun doch ein bisschen und meint: „Na gut, du hast recht gehabt. Du solltest besser die erste Blume im Jahr sein. Nächstes Jahr will ich erst die zweite sein. Aber jetzt, wo ich schon einmal da bin, bleibe ich auch."

Sibylle Velter

BEL
LO

Noch mehr Geschichten zum Mitmachen

ISBN 978-3-7698-1526-2

Bettina Scheer / Elke Gulden

KliKlaKlanggeschichten

Für Kinder von 2 bis 6

Die lustigen Reime und phantasievollen Geschichten können Kinder mit einfachen Orff-Instrumenten begleiten. Zu jeder Geschichte gibt es grafische Notationen zum Einsatz der Instrumente. Musikalische Frühförderung schon für die Kleinsten.

ISBN 978-3-7698-1100-3

Elisabeth Wagner

Felix, das pfiffige Eichhörnchen

Klanggeschichten und Lieder für Kinder von 3 bis 8

Phantasievolle Klanggeschichten aus der Welt der Tiere, der Natur und des Jahreslaufs sprechen ganzheitlich an durch ihre Einheit von Sprache, Bewegung und Musik. Mit einfachen grafischen Symbolen zum Einsatz von Körper- und Orff-Instrumenten.

Gabriele Hermanns

33 Geschichten zum Entspannen für Kinder von 3 bis 6

Mit Elementen des Autogenen Trainings

Autogenes Training ist eine Entspannungsmethode für Erwachsene. Doch auch Kindern kann sie eine wertvolle Hilfe sein, wenn man sie in kindgerechten Geschichten verkleidet. Mit praktischen Tipps und Hinweisen für einen leichten Einstieg in die Entspannungsgeschichten.

ISBN 978-3-7698-1417-7

Jutta Bläsius

Streichelgeschichten

Massage für kleine Hände

Massagen tun Kindern gut. Sie fördern die Entspannung und Konzentration und vertiefen die Sinnes- und Körperwahrnehmung. Die Massagen können von den Kindern in Partnerarbeit durchgeführt werden. Ein Praxisbuch voller wertvoller Anregungen.

ISBN 978-3-7698-1504-1